Eine Wohngemeinschaft ist kein Ponyhof

Survivalguide für Mitbewohner

KATHRYN WILLIAMS

Illustrationen von Jason Snyder

INHALTSVERZEICHNIS

DER AUSZUG

WILL & GRACE oder: Heiß begehrt nicht nur für ein harmonisches Zusammenleben – schwule Mitbewohner

Einleitung

13 Mitbewohner und kein Ende in Sicht

Nach meiner Zählung hatte ich bisher insgesamt 13 Mitbewohner. Ich weiß, das hört sich jetzt nach schrecklich viel an, und wahrscheinlich denken die Leute, ich wäre entweder Mitglied in der Sekte des friedvollen Miteinanderwohnens, ein Hippie oder eine alte Jungfer, die ihre Katzen wie Menschen behandelt. Es ist allerdings eher so, dass ich nach heutigen Standards ziemlich normal bin: eine ledige, 27-jährige Frau mit College-Abschluss, die bereits in verschiedenen Städten gelebt hat und trotz ihrer begrenzten finanziellen Mittel nicht sonderlich erpicht darauf ist, bei ihren Eltern zu wohnen. Ich gehöre zu den knapp 10 Millionen US-Amerikanern, die nach Ergebnissen der 2005er Volkszählung mit nicht verwandten Personen in einem Haushalt leben.

Da immer mehr Menschen für ihre kostenintensive Universitätsausbildung länger brauchen als gedacht, später heiraten und in überfüllten Ballungszentren leben, ist es mittlerweile eher schwierig geworden, junge Erwachsene zu finden, die nicht irgendwann schon einmal sein bzw. ihre Zimmer/Wohnung/Haus mit Mitbewohnern geteilt haben. Es ist mittlerweile vielmehr so, dass diese nicht auf Partnerschaft basierende Form des Zusammenlebens zum festen Bestandteil der Sozioökonomie postmoderner Lebensentwürfe geworden ist.

Na, schon eingeschlafen bei diesem langweiligen Gelaber? Sehr guuuuuuuuut. Jetzt bist du Wachs in meinen Händen ...

Die Beziehung zu einem Mitbewohner kann sowohl Freude als auch Leid bringen. Wenn du deine Wohnung, deinen privaten Raum mit einer anderen Person teilst, bringt das zwar physische und emotionale Vertrautheit mit sich, kann aber auch viel Druck erzeugen. Ein paar meiner derzeitigen bzw. ehemaligen Mitbewohner sind mittlerweile einige meiner liebsten und besten Freunde. Wenn ich mich einsam fühlte, waren sie für mich da und standen mir bei, respektierten aber auch meinen Wunsch nach Privatsphäre. Wenn ich es nötig hatte, betranken sie sich mit mir, und wenn ich dann kotzen musste, hielten sie mir die Haare aus dem Gesicht. Ich konnte in jeder Situation auf sie zählen, denn sie waren gleichzeitig Vertraute, Selbsthilfegruppe und Babysitter, Mütter und Kuppler. Das heißt natürlich nicht, dass ich nicht auch einiges ertragen musste. Es gab zum Beispiel eine Mitbewohnerin, die unseren Fernseher einfach an ihren Freund verschenkt hat, und einen Mitbewohner, dessen Pupse wie vergammeltes Obst stanken, von dem mit der lächerlich irrationalen, aber äußerst interessanten Angst vor Badezimmern will ich gar nicht erst anfangen. Ich bin mir aber ziemlich sicher, dass auch sie mich das ein oder andere Mal am liebsten auf den Mond geschossen hätten, aber noch verteile **ich** die Tickets für derartige Reisen. Und das waren nur die Leute, die ich irgendwie *mochte* ...

Wenn man aber an die falsche Person gerät oder das Abenteuer Zusammenwohnen mit einer verkorksten Einstellung angeht, kann das Ganze zu einem dauerhaften Wutanfall mutieren, der einen an den Rand des Wahnsinns und/oder zu handfesten Verbrechen treibt.

Für ein erfolgreiches Zusammenleben bedarf es bestimmter Fähig- und Fertigkeiten sowie einer Handvoll guter Ratschläge. Hilfsbereit wie ich bin, habe ich beides für euch in diesem Buch zusammengetragen.

Stellt euch einfach vor, ich wäre euer Sensei oder ein moderner Sünz, euer hoch geachteter Lehrmeister, der euch in die Kunst des Zusammenlebens einführt. Ich gebe euch die Werkzeuge an die Hand, um eure Mitbewohner psychologisch zu dominieren – eh, ich meine natürlich, um gut mit ihnen auszukommen – und in den eigenen vier Wänden das WG-Paradies auf Erden zu erleben.

Keine andere Beziehung ist so wie die Beziehung zwischen Mitbewohnern, und doch gilt auch hier wie in jeder anderen Beziehung der Grundsatz – wie sollte es auch anders sein: „Kommunikation ist der Schlüssel zum Erfolg." Wenn dein Mitbewohner in dieser oder jener Hinsicht etwas zu wünschen übrig lässt, hilft es meistens, ihn einfach darauf anzusprechen. Es ist nämlich ziemlich unwahrscheinlich, dass er deine Gedanken lesen kann, es sei denn, ihr lebt schon 50 Jahre zusammen. In diesem Fall wärt ihr dann aber auch etwas mehr als nur Mitbewohner, oder?

Wenn man offen für Kommunikation ist, kann das viele Konflikte lösen, so manche verhindern und für eine entspannte und rundum angenehme Wohnsituation sorgen. Das erfordert unter anderem aber auch, dass du dich selbst als Mitbewohner einschätzen kannst und weißt, was du von deinem Mitmieter eigentlich erwartest.

Du solltest auch immer daran denken, dass Kommunikation nicht ausschließlich verbal stattfindet. Im Gegenteil: Durch unsere Handlungen und unser Verhalten sagen wir meistens mindestens genauso viel wie mit Worten. Wenn Mitbewohner kommunizieren, spielt sich vieles auf der nonverbalen Ebene und dort mitunter auch noch „zwischen den Zeilen" ab. Ihr sendet euch ständig Nachrichten, selbst dann, wenn ihr euch dessen nicht bewusst seid.

Wenn du zum Beispiel einen Zettel schreibst, dass der Klempner um drei kommt, kann das bedeuten, dass du dich kurz vor deinem Arzttermin daran erinnert hast, dass halt der Klempner um drei kommt. Es kann aber auch bedeuten, dass der Klempner um drei kommt und du erwartest, dass sich deine Mitbewohnerin darum kümmert, weil du dich schon um alles andere kümmerst. Du bist ja schließlich nicht ihre Mutter! Ahhh!

Wenn dein Mitbewohner wiederum die Angewohnheit hat, seine Zimmertür zu schließen, kann das ein Zeichen von Anstand sein, es kann aber auch bedeuten, dass er in Ruhe gelassen werden will und es lächerlich findet, dass du die gemeinsame Nutzung einer Wohnung als Möglichkeit zur Erweiterung deines sozialen Umfelds ansiehst. Ahhh! Kontext ist eben alles.

Es ist weder gesund noch ein Zeichen von geistiger Reife, sich allein der nonverbalen Kommunikation zu bedienen, da das schnell in böse gemeintes Verhalten abdriften kann. Dennoch gibt es Situationen, in denen eine derartige Vorgehensweise klar zu bevorzugen ist. Zum besseren Verständnis habe ich in den folgenden Kapiteln einige Mitbewohner-Szenarien zusammengestellt und jeweils eine besonnene, gut gemeinte Handlungsoption und eine genauso gut mögliche böse gemeinte Vorgehensweise erläutert. Für welche der beiden ihr euch dann letztlich im Gefecht entscheidet, ist eure Sache.

In diesem Buch habe ich versucht, den gesamten Verlauf einer Mitbewohnerbeziehung darzustellen: von der Suche des richtigen Mitbewohners über die Entwicklung von Liebe bzw. Verachtung bis hin zur Auflösung der Wohngemeinschaft. Es werden auch einige Dinge angesprochen, die vor und während der Suche nach dem richtigen Kandidaten bedacht werden sollten. Außerdem gibt es praktische Hinweise dazu, wo man suchen sollte. Ich gehe systematisch alle Räume des Hauses bzw. der Wohnung durch, um die Hindernisse und Stolpersteine auf dem Weg zum glückseligen Zusammenleben aufzuzeigen. Abschließend gebe ich euch noch einige Tipps zum Thema Trennung bzw. WG-Auflösung – schließlich gehen alle guten Dinge auch einmal zu Ende.

Ich verstehe mich immer noch ziemlich gut mit all meinen ehemaligen Mitbewohnern (bis auf einen ... aber mein Anwalt hat mir geraten, an dieser Stelle nicht über laufende Verfahren zu sprechen) und mein größter Wunsch – neben dem Weltfrieden vielleicht – ist, dass ihr mithilfe von: Eine Wohngemeinschaft ist kein Ponyhof genauso viel Glück habt.

Auf das eure Mieten immer bezahlbar und eure Mitbewohner nett bleiben, Kathryn

WAHRE MITBEWOHNER-GESCHICHTEN

Ich wohnte eine Zeit lang mit einem Freund aus der Highschool zusammen, einem dicken, schlampigen Typen. Wenn er von der Arbeit nach Hause kam, zog er sich grundsätzlich noch auf der Türschwelle die Hose aus. Es interessierte ihn dabei recht wenig, wer da gerade im Wohnzimmer saß. Um in mein Zimmer zu gelangen, musste ich erst durch seines gehen. Als ich eines Nachts nach Hause kam, lag er nackt und sturzbetrunken in seinem Zimmer. Auf meinem Bett fand ich einen Staubsauger ... offensichtlich hatte er sich mit der Cousine unseres anderen Mitbewohners in meinem Bett vergnügt und danach versucht, die Schweinerei mit einem Staubsauger zu beseitigen.
John aus Baltimore, Maryland

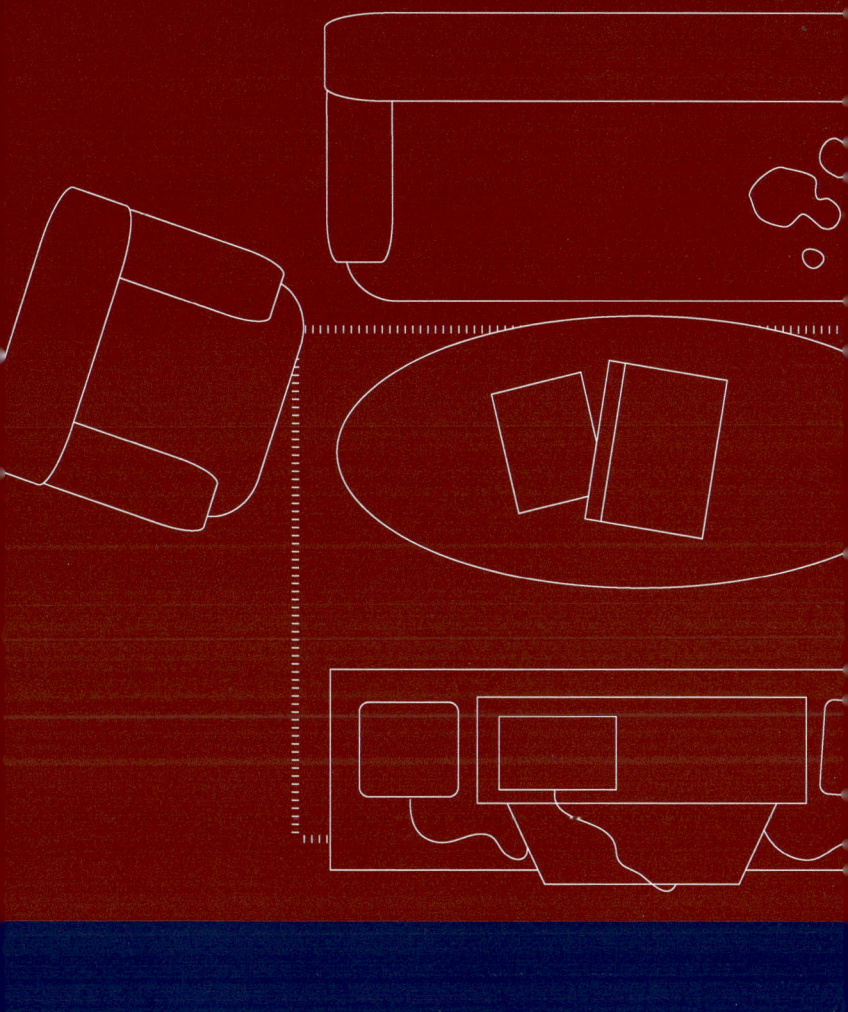

DIE SUCHE

Was passiert, wenn Mitbewohner mal gar nicht mehr höflich sind, sieht man auf MTV: in der Doku-Soap *THE REAL WORLD*.

1
WG oder nicht WG, das ist hier die Frage

Pro und kontra Wohngemeinschaften

Einige Menschen sind von Natur aus nicht dafür bestimmt, mit anderen zusammenzuleben. Außerdem gibt es eine Handvoll Leute, die aufgrund unfassbaren Reichtums, unverschämt großen Glücks oder ihrer Sozialphobie nie das unvergleichliche Vergnügen bzw. die ganz speziellen Qualen erleben werden, die das Zusammenleben mit anderen Menschen mit sich bringen. Für viele ist die Entscheidung „WG oder nicht WG" allerdings eher eine Frage des Lebensstils – ähnlich wie Vegetariertum oder Homosexualität vielleicht (kleiner, politisch nicht korrekter Scherz!).

Es gibt viele Gründe, die dafürsprechen, sein Zuhause und vielleicht sogar sein Herz mit einem Mitbewohner zu teilen, allerdings will so eine Beziehung wohlüberlegt sein. Es gibt verschiedene Faktoren, die etwas über deine Eignung für diese Art des Zusammenlebens aussagen. Dazu gehören unter anderem dein Einkommen, dein Alter und deine Gewaltbereitschaft. Du wirst merken, dass mit steigendem Einkommen und zunehmendem Alter dein Wunsch und/oder die Notwendigkeit, mit einem anderen Menschen in einer WG zusammenzuwohnen, proportional abnimmt. Hier gibt es natürlich auch klare Ausschlusskriterien: Wenn du in der höchsten Steuerklasse bist oder dich noch lebhaft an die 60er erinnerst, solltest du vielleicht auf Mitbewohner verzichten (Ausnahme: Altenheime, Golden Girls oder Alt-68er). Wenn du gewalttätige Neigungen hast, fallen WGs wohl ebenfalls aus (Ausnahme: Knast).

Natürlich stellt sich als Erstes die Frage: „Wie viele Mitbewohner sollen es denn sein?" Die Antwort hängt von der Anzahl der Zimmer in deinem Haus oder deiner Wohnung ab. Dass dies aber nicht zwangsläufig so sein muss, zeigt das Beispiel einer Freundin, die einmal 16 Personen in einer Zweizimmerwohnung unterbrachte ... leider wurde sie kurz darauf abgeschoben. Natürlich spielt auch deine Belastbarkeit eine wichtige Rolle. Wenn es schon anstrengend für dich ist, mit einer Person zusammenzuwohnen, dann ist eine WG mit sechs Bewohnern genau sechs Mal so anstrengend – aber auch sechs Mal so spaßig. Du musst also gut abwägen.

Das Leben mit Mitbewohnern ist ein ständiges Geben und Nehmen. Für jedes Pro gibt es ein Kontra. So funktioniert nun mal die Welt. Die Chinesen nennen es Yin und Yang. Ich nenne es lieber „Wippe", weil ich das Wort so gerne sage. Wenn du dich entscheidest, sollte die Zahl der Pros optimalerweise die der Kontras übersteigen.

Wie bei allen wichtigen Entscheidungen im Leben empfehle ich eine Auflistung der jeweiligen Plus- und Minuspunkte einer potenziellen Situation. Dafür sind die einzelnen Argumente stichpunktartig und ganz rational nach ihrer Wichtigkeit geordnet aufzulisten. Nachdem du dir so einen Überblick verschafft hast, steht der richtigen Entscheidung und deinem Lebensglück mit oder ohne Mitbewohner eigentlich nichts mehr im Weg. Nett wie ich bin, habe ich dir sogar ein Beispiel vorbereitet.

Was bedeutet ein Mitbewohner für dich?

PRO	KON
Wenn mal ein Psychokiller einbricht, schnappt er sich zuerst deinen Mitbewohner.	Dein Mitbewohner könnte der Psychokiller sein.
Endlich hast du jemanden, mit dem du im Schlafanzug Karaoke singen kannst.	Sag Sayonara zu den wunderbaren Momenten der Ruhe und Einsamkeit.
Ihr teilt euch die Rechnungen.	Du rennst dem Geld hinterher und willst deinen Mitbewohner vierteilen.
Integrierter Hundesitter.	Bello mag deinen Mitbewohner lieber als dich.
Deine Musiksammlung verdoppelt oder verdreifacht sich.	Im schlimmsten Fall Marvin Gaye jeden Tag den ganzen Tag.
Dein Kleiderschrank verdoppelt oder verdreifacht sich.	Ist das deine Lieblingswäsche, die da aus dem Wäschesack hängt?
Jemand mit einem zweiten Paar Schlüssel für deine Wohnung.	Jemand mit einem zweiten Paar Schlüssel für deine Wohnung.
Frauen oben ohne in deiner Küche, Alter!!!	Nie wieder Mitternachtssnacks im Adamskostüm!
Sein hammermäßiger Flachbildschirm samt Videospielkonsole zieht gleich mit ein.	Deine „Sex and the City"-DVD-Samm-lung wird in den Schrank verbannt.
Wenn du stürzt und nicht mehr aufstehen kannst, ist jemand da, um den Krankenwagen zu rufen.	Moralische Verpflichtung, das Gleiche für ihn/sie zu tun.

Was erwartest du von einem Mitbewohner?

Ich möchte euch nicht mit der harten Realität der großen weiten Welt da draußen schocken, aber es ist einfach eine Tatsache, dass bestimmte Menschen nicht zusammenwohnen können bzw. sollten. Nehmen wir zum Beispiel eine meiner allerbesten Freundinnen: Wir kennen uns seit dem fünften Lebensjahr und sind gemeinsam durch dick und dünn gegangen, haben Krisen gemeinsam durchgestanden und ungezählte Partys gefeiert, die Schule und die Uni überlebt, unser Pausenbrot und die Pommes mitten in der Nacht geteilt … wir haben einfach alles durchgemacht und zusammen ausprobiert, bis auf diese eine Sache – Zusammenwohnen. Ich glaube, wir beide wissen einfach, dass einer von uns bei dem Versuch auf der Strecke bleiben würde.

Die besten Freunde sind nicht immer automatisch die besten Mitbewohner, und umgekehrt will man vielleicht auch nicht seinen Mitbewohner als besten Freund haben. Bevor du also deine Anzeige in Craigslist, www.wg-gesucht.de o. Ä., aufgibst, solltest du dir genau überlegen, was du von einem Mitbewohner eigentlich erwartest (siehe Seite 21). Diese Frage ist bei einer WG mindestens genauso wichtig wie bei der Partnersuche. Suchst du jemanden gleichen Geschlechts, des anderen Geschlechts oder eigentlich zum Geschlechtsverkehr? Partymonster oder Stubenhocker? Klon oder Ergänzung? Unabhängig davon, ob du mit deinem Mitbewohner Körperflüssigkeiten austauschen willst oder nicht, steht eine Sache fest: Du musst mit ihm das Sofa, den Kühlschrank, wahrscheinlich eine Toilette, diverse Schränke, den Fernseher und darüber hinaus die gesamte Geräusch- und Geruchskulisse in eurer Wohnung teilen.

Du solltest dich also zuerst fragen, ob überhaupt, und wenn ja, was für eine Art Beziehung du mit dieser Person haben willst. Wenn du nur jemanden suchst, um Miete und Rechnungen zu halbieren, dann liegen Kriterien wie ähnliche Hobbys oder ein sprühender Witz auf deiner Prioritätenliste wahrscheinlich weit hinter einem festen Job mit geregeltem Einkommen. Wenn du allerdings eher an einer Kombination aus

WAHRE MITBEWOHNER-GESCHICHTEN

Ich hatte mal so einen komischen Kauz als Mitbewohner – ihr wisst schon, der typische Karohemdträger. Der hatte schlechte Zähne und eine Armbrust. Er hat immer so auf supernett gemacht. Ich aber nicht. Er muss das irgendwann als Ablehnung empfunden haben. Auf jeden Fall habe ich freundlich, aber bestimmt Situationen vermieden, in denen wir uns näher kennengelernt oder gar Zeit miteinander verbracht hätten. Als er es schließlich kapiert hatte, war er etwas verstimmt. Zumindest war das mein Eindruck, als ich eines Tags nach Hause kam und aus seinem Zimmer der Song „Short People" von Rany Newman dröhnte: „Short people got no reason to live". Nun ja, sagen wir es mal so, ich bin nicht gerade der Größte in unserem Viertel ... und der Typ hatte eine verdammte Armbrust.

Dan aus San Francisco, Kalifornien

Seelenverwandtem und Mitbewohner interessiert bist, dann wirst du dir die Kandidaten sehr viel genauer anschauen müssen.

Es gibt einige Punkte, die es zu berücksichtigen gilt. Beispielsweise, ob das Geschlecht eine Rolle spielt. Könntest du mit jemandem des anderen Geschlechts leben? Vielleicht bevorzugst du das ja auch? Wie steht es mit dem Alter? Ich empfehle eigentlich, sich jemanden mit demselben Geschlecht und ungefähr demselben Alter zu suchen. Es gibt Ausnahmen, aber es ist wahrscheinlicher, dass das Zusammenleben mit jemandem funktioniert, bei dem der Toilettendeckel beim Pinkeln in derselben Position ist wie bei dir und der sich ungefähr in einer ähnlichen Lebensphase befindet.

Willst du mit jemandem wohnen, der den gleichen Tagesablauf hat wie du, oder fändest du es besser, dir mit deinem Mitbewohner immer nur die Klinke in die Hand zu geben? Je nach Antwort wirst du tendenziell entweder mit einem Barkeeper oder einem Banker zusammenwohnen wollen. Vielleicht suchst du ja auch einen Couch-Potato, um freitagabends gemeinsam Wiederholungen von *Full House* im Fernsehen anzuschauen (apropos, diese Michelle in *Full House* war einfach hinreißend, oder?). Oder bist du eher an einem Handampf in allen Gassen interessiert, der dich in alle Clubs einschleust und du endlich die Türsteher nicht mehr bestechen musst? Spielt es eine Rolle, ob dein Mitbewohner trinkt oder raucht? Ist es sehr wichtig, dass er deine Vorliebe für Folk, Freejazz oder mexikanische Gitarrenmusik teilt? Stört es dich als detailverliebten Feinschmecker, dass er auch am 267. Tag eures Zusammenlebens noch jeden Abend Tiefkühlpizza oder Ravioli aus der Dose in sich hineinschlingt? Findest du Leute interessant, die anders sind als du, oder fühlst du dich wohler im Umgang mit Menschen, die den gleichen

Background haben? Könntest du mit Menschen aus Kirgisistan zusammenwohnen? Wie wär's mit jemandem, der auf kirgisische Volksmusik steht? Welchen Stellenwert hat Körperhygiene in deinem Leben?

Wenn du dich vor Beginn deiner Mitbewohnersuche ernsthaft mit solchen Fragen auseinandersetzt, stehen die Chancen recht gut, dass deine zukünftige WG ein Erfolg wird.

Welcher Mitbewohnertyp bist du?

Suchst du einen BFF, einen Best Friend Forever, also einen „Besten Freund fürs Leben", oder eher einen Pensionsgast? Mit diesem Quiz wirst du erfahren, was für eine Art Beziehung du zu deinem Mitbewohner haben willst.

1. Du willst:

a) die bestgehüteten und dunkelsten Geheimnisse deines Mitbewohners kennen.

b) die bestgehüteten und dunkelsten Geheimnisse deines Mitbewohners kennen, um sie deinen Freunden zu erzählen.

c) nur Vor- und Nachname deines Mitbewohners kennen.

2. Wenn dein Freund/deine Freundin anruft, würdest du:

a) deinem Mitbewohner den Hörer reichen, damit er mal „Hallo" sagt.

b) in ein anderes Zimmer gehen.

c) das Gespräch auf deinen privaten Anschluss legen.

3. Wenn die Rechnungen bezahlt werden müssen, würdest du:

a) mit der Kreditkarte deines Mitbewohners bezahlen und es ihm später zurückgeben.

b) deinem Mitbewohner jeweils den eigenen Anteil überweisen

c) deinen Anteil bezahlen und deinen Mitbewohner per Zettel am Kühlschrank auffordern, seinen Anteil zu bezahlen.

4. Du möchtest deinen Mitbewohner:

a) jede Minute des Tages sehen.

b) nur in eurer Wohnung sehen müssen.

c) nur sehen, wenn du gerade kommst und er gerade geht.

5. Du würdest deinem Mitbewohner:

a) dein Auto leihen.

b) ein Hemd leihen, aber nur, wenn er es nicht einsaut.

c) maximal einen Stift leihen.

6. Du würdest mit deinem Mitbewohner:

a) alles teilen.

b) alles genauesten und äußerst penibel durch zwei teilen.

c) einzig und allein die Rechnungen teilen.

7. Wenn du deinen Mitbewohner abends beim Ausgehen triffst, würdest du:

a) natürlich mit ihm abhängen.

b) nach einer enthusiastischen Begrüßung wieder in deine Ecke stapfen.

c) dich fragen, woher du den Typen eigentlich kennst.

8. Du würdest deinem Mitbewohner:

a) an jedem Monatsersten etwas schenken. Schließlich ist das ein Jubiläum!

b) zum Geburtstag und zu Weihnachten etwas schenken.

c) nur etwas schenken, wenn du Bier auf seinem Computer verschüttet hast.

9. Wenn du deinem Mitbewohner eine Nachricht schreibst, enthält sie:

a) ein Gedicht.

b) die Nummer des Klempners.

c) eine Räumungsaufforderung.

10. Wenn dir das Verhalten deines Mitbewohners Sorgen macht, würdest du:

a) seine Mutter anrufen.

b) deine Mutter anrufen.

c) das FBI anrufen.

11. Wenn du nach einer langen Reise zurückkehrst, musst du zuallererst:

a) das Erlebte deinem Mitbewohner erzählen.

b) auspacken.

c) wieder verreisen.

12. Wenn du über deinen Mitbewohner verärgert bist, würdet ihr:

a) zuerst viel weinen und es dann wegkuscheln.

b) euch anschweigen.

c) das Thema ruhig und sachlich ausdiskutieren.

13. Wenn die Freunde deines Mitbewohners in eure Wohnung kämen, würdest du:

a) dich dazusetzen.

b) dich in dein Zimmer zurückziehen.

c) pupsen und es deinem Mitbewohner anhängen.

Wenn du überwiegend mit **a** geantwortet hast, suchst du einen **Besten Freund fürs Leben**. Wären siamesische Zwillinge in dieser Saison auch nur ein klitzekleines bisschen angesagt, würdest du dich glatt an die Hüfte deines Mitbewohners tackern lassen.

Ist deine Wahl in den meisten Fällen auf **b** gefallen, suchst du einen Freund-Feind, einen sogenannten „**Freind**". Ihr seid freundlich, um nicht zu sagen scheißfreundlich, zueinander, aber insgeheim will keiner was mit dem anderen außerhalb der Wohnung zu tun haben.

Bei vorwiegender Antwort mit **c** suchst du anscheinend einen **Pensionsgast**. Alles, was du von dieser Person wissen willst, ist, dass er oder sie (Geschlecht ist in diesem Fall egal!) die Miete bezahlt und keine Vorstrafen hat.

In **BOSOM BUDDIES** hat Tom Hanks seinen perfekten Mitbewohner gefunden.

2

Auf der Suche nach dem perfekten Mitbewohner

In mein leeres Zimmer her, wünsch ich mir'n Mitbewohner

Nach einer tiefschürfenden Analyse und der Lektüre des vorherigen Kapitels hast du dich nun sicherlich entschieden, welche Art Mitbewohner du eigentlich suchst. Sehr gut. Nun heißt es, die Ärmel hochkrempeln, denn jetzt beginnt die eigentliche Arbeit. Meine Mutter sagte immer zu mir: „Erst schön alle Angebote vergleichen und dann zuschlagen." Mit diesem Rezept bin ich bis dato auch in Sachen WG recht gut gefahren.

Bevor du völlig überstürzt Anzeigen aufgibst, solltest du dich erst einmal an deine Freunde und Bekannten wenden. Schick eine E-Mail raus und lass die Leute wissen, dass du auf der Suche nach einem Mitbewohner bist. Deine Freunde leiten deine Suchmail bestimmt weiter und vergrößern so den Kreis der angesprochenen Personen. Nach allem, was du von deinen Freunden weißt, stehen die Chancen gut, dass selbst so entfernte Bekannte wie der Freund eines Freundes (oder der Freund von der kleinen Schwester des Freunds deiner Cousine) eher keine Psychokiller sind und einiges mit dir gemein haben werden – außer du bist selbst ein Psychokiller.

Wenn diese ersten Versuche allerdings fehlschlagen und du ein Zimmer suchst bzw. eins anzubieten hast, gibt es Dutzende Webseiten, die dir weiterhelfen können: angefangen bei www.easywg.de bis hin zu www. wg-wg-wg-gesucht.de (für diejenigen unter euch mit Zwangsneurosen).

Einige dieser Seiten sind kostenlose Online-Communities und Foren, andere sind kostenpflichtige Dienste, die – man höre und staune – eine umfassende Partnerkompatibilität in allen Aspekten versprechen.

Ich bin knausrig – ein wahrhaftiger Geizkragen sogar – und empfehle euch deshalb, zuerst die kostenlosen Varianten auszutesten.

Diese Seiten sind großartig, weil sie – nun ja, weil sie halt kostenlos sind. Allerdings muss man sich durch Hunderte Posts arbeiten. Es gibt aber auch diverse Abonnementdienste, die dir einiges an Arbeit abnehmen können: Du legst Variabeln und Präferenzen fest, nach denen der Dienst dann arbeitet und zu dir passende Partner unter den Mitgliedern sucht. Die meisten dieser Seiten erlauben dir, kostenlos nach Mitbewohnern zu suchen oder eine Anzeige zu posten, aber um Vorschläge zu erhalten oder auf Anfragen zu antworten, musst du wohl oder übel die Kreditkarte zücken und zahlen. Wenn es dein Kontostand zulässt oder du besonders wählerisch bist, kannst du mit diesen Diensten sehr gezielt und detailliert suchen und so zwielichtigen Typen aus dem Weg gehen.

Ich habe für dich mal eine Auswahl der besten Angebote zusammengestellt (schon o.k., du brauchst dich nicht dafür zu bedanken).

Craigslist.com

Vor langer, langer Zeit gab es mal einen Mann in San Francisco namens Craig Newmark. Craig fing dann irgendwann mal mit dieser Biete-/Suche-Liste im Internet an. Heutzutage suchen mittlerweile Leute in 450 Städten aus mehr als 50 Ländern nach dem perfekten Mitbewohner mit diesem magischen Online-Forum. Monatlich nutzen mehr als 25 Millionen Personen dieses Netzwerk, um, nach Städten geordnet, Mitbewohner oder WGs zu suchen. Schönen Dank noch mal, Craig!

+ Besonders nett: Mach auch gleich ein Internet-Sex-Date klar, wenn du schon mal auf der Seite bist.

– Bedenklich: Ein Posting vom 31.01.2007 mit dem Titel „You might be fucking my roommate, but ..." findet sich auf der Bestenliste von Craigslist (http://www.craigslist.org/about/best/all/).

wg-gesucht.de

1999 gegründet und „die erste Internet-Plattform dieser Art" – Wow, wir sind mächtig beeindruckt! Im Web-2.0-Zeitalter kann man sich aber als mittlerweile zehn Jahre altes Unternehmen wohl kaum noch ernsthaft selbst als „junges Immobilienportal" bezeichnen. Egal. Die Seite ist sehr übersichtlich, detailreich und stark frequentiert (nach eigenen Angaben 120.000 Anzeigen pro Monat), sodass ihr bestimmt was finden werdet!

✚ Besonders nett: Es gibt ein Gästebuch, in dem man seine Meinung hinterlassen kann. Allerdings ist die Anzahl der dort geposteten Lobeshymnen recht unglaubwürdig.

━ Bedenklich: Es gibt extrem viel Werbung auf der Seite, und teilweise öffnen sich diese netten Pop-up-Fenster von Versicherungsanbietern, bei denen du dann neben deiner neuen WG auch gleich noch eine alles abdeckende, superpreiswerte und mit 17 Preisen ausgezeichnete Autoversicherung für 1,49 € im Monat bekommen kannst. Super, oder?

studenten-wg.de

Der Name ist nett und auch Programm: Hauptsächlich sind es Studis, die hier deutschlandweit WG-Zimmer und/oder Mitbewohner suchen. Scheint alles kostenlos zu sein, und die Benachrichtigungsoption, mit der man einfach ein paar Eckdaten für seine Suche (Stadt, Preis etc.) eingibt und dann automatisch per E-Mail informiert wird, wenn eine passende Anzeige aufgegeben wurde, macht die Suche zum Kinderspiel.

+ Besonders nett: Die ganze Seite ist eher wie ein Community-Portal für Studenten angelegt und wartet mit zahlreichen Extras auf: Studienplatz-Tauschbörse, Mitfahrzentralendienst (Bahn und Auto!) und eine Netzwerkseite für BWL-Studis (und andere), für die „netzwerkeln" tatsächlich ein deutsches Verb und nicht nur ein Vorwand für das Anlegen von unzähligen Profilen auf derartigen Community-Seiten ist.

– Bedenklich: Der Blog von studenten-wg.de ist einer dieser Blogs, bei denen man beim Lesen richtig merkt, wie sehr sich die Autoren mühen müssen, einen halbwegs interessanten Post zu erstellen ... und bei dieser Aufgabe trotzdem in 85 % der Fälle scheitern.

easywg.de

Deutsche Entsprechung des US-amerikanischen Originals Easyroom-mate.com (die gerne auch mal mit SluttyRoommate.com verwechselt wird ...). Diese Abonnementseite behauptet auch, die Nummer eins unter den Seiten zur Mitbewohnersuche zu sein. Na ja, und mittlerweile wissen wir ja, dass man eigentlich alles glauben kann, was im Internet geschrieben steht. Auch hier ist der Deal folgender: Post aufgeben und Interessen in den Profilen anderer ansehen ist kostenlos, aber für die Telefonnummer oder E-Mail-Adresse eines potenziellen Kandidaten (die hier gerne von „16 bis 99 Jahre" alt sein dürfen!) muss bezahlt, eh abonniert werden.

✚ Besonders nett: Die Seite ist momentan in 29 Ländern und 12 Sprachen verfügbar. (Österreicher besuchen bitte www.easywg.at und Schweizer www.easywg.ch.)

━ Bedenklich: Die Bemerkung „Diese Seite ist bald auch in Osteuropa verfügbar!".

wg-klick.com

Eine Seite, die eigentlich alle wichtigen Details abfragt. Scheint so, als ob hier jemand schon einige unangenehme Überraschungen mit seinen Mitbewohnern erlebt habe. Als Besucher kann man ein Konto einrichten, suchen und sein Profil ansehen. Um die Funktionen eines Premium-Mitglieds zu nutzen, muss man dann aber doch seine Master-, Visa-Card o. Ä. einsetzen.

✚ **Besonders nett:** Dem Nutzer wird eine Dokumentendatenbank zur Verfügung gestellt, in der man vom „Mietvertrag über Umzugsplan bis hin zum Putzplan" fast alles findet.

➖ **Bedenklich:** „Einwendungen gegen die Höhe abgebuchter oder in Rechnung gestellter Kosten muss der Nutzer spätestens innerhalb von 14 Tagen nach Abbuchung der beanstandeten Kosten bzw. nach Erhalt ..." vorbringen; wie bei fast allen Seiten dieser Art sind die Nutzungsbedingungen seeeeeeeeeeeehr komplex.

OKroommate.com

Jetzt wird's international: „OKRoommate.com bietet eine mehrsprachige Übersicht über mehr als 5.000 Städte, was uns international zum besterreichbaren Mitbewohnerservice macht!" Wenn du also mal über den deutschen Tellerrand hinaus WG-Erfahrungen sammeln willst bzw. wegen Job/Studium sammeln musst, dann ist diese Seite eine gute Adresse. Es gibt auch hier verschiedene Mitgliedschaftstypen mit unterschiedlichem Funktionsumfang, für die man dann entsprechend zahlen bzw. nicht zahlen muss.

➕ **Besonders nett:** Die Seite ist recht farbenfroh gestaltet und in verschiedenen Sprachen verfügbar. Klar, du brauchst nur Deutsch, aber falls du sie mal empfehlen willst ...

➖ **Bedenklich:** Wenn du einen Mitbewohner in Berlin suchst, musst du Französisch oder Englisch sprechen können, da die meisten Posts von Leuten aus dem Ausland eingestellt werden. Beispiel: „Je suis étudiante en architecture en Suisse (je travaille pour mon diplôme...").

Was wollen wir? Einen Mitbewohner!
Wann wollen wir ihn? Sofort!

....

Es gibt eigentlich nichts Schlimmeres, als mit jemandem zusammenzuwohnen, der komplett andere Prinzipien hat als du. Wenn du beispielsweise Vegetarier bist und die Ansicht vertrittst, dass der Verzehr eines Hamburgers bereits einem Massenmord an deinen Brüdern und Schwestern gleichkommt, solltest du dich nicht damit aufhalten, unter den potenziellen Kandidaten die Fleischesser auszusortieren, sondern dich lieber gleich auf den grünen Hippie-Weidegründen nach Mitbewohnern umschauen. Mit speziell auf Lifestyles ausgelegten Seiten kann man nach Mitbewohnern suchen, die am gleichen Strang ziehen.

Meistens empfiehlt es sich in diesen Fällen, in einschlägigen Internet-Foren, auf Mailinglisten oder Webseiten zu posten bzw. zu suchen. Egal ob du Veganer, Vegetarier, Semi-Vegetarier (hört sich für mich wie Betrug an), Makrobioten oder Leute, die nur organisch/ökologisch angebaute bzw. unverarbeitete Nahrungsmittel zu sich nehmen, für die Gründung einer WG suchst, ein Post auf www.vegan.de oder www.peta2.de wird dir bestimmt weiterhelfen.

Ähnlich verhält es sich mit der Suche nach WGs mit einer bestimmten religiösen Ausrichtung. Es ist wahrscheinlicher, dass Leute, die Jesus bereits gefunden haben, aber immer noch nach einem Mitbewohner suchen, auf www.jesusfreaks.de erfolgreicher sein werden, als wenn sie die Standard-WG-Webseiten nach Glaubensbrüdern und -schwestern durchforsten.

Sagt nachher nicht, ich hätte euch nicht gewarnt

Wie es auch anders nicht sein könnte, haben sowohl kostenlose als auch kostenpflichtige Mitbewohner-Suchseiten diverse Problemchen:

- Die meisten Foren und Seiten zur Mitbewohnersuche decken nur urbane Gebiete ab. Wenn du also auf dem Land wohnst, sieht die Sache eher schwierig aus. Aber wenn das der Fall ist, lebst du wahrscheinlich eh in einer Scheune mit deinen 17 Brüdern und Schwestern – wozu brauchst du also Mitbewohner?

- Vorsicht vor Betrügern! Wenn ein Fremder eine Kaution bzw. mehrere Monatsmieten im Voraus anbietet oder verlangt, ohne die Wohnung gesehen zu haben, sollten bei dir alle Alarmglocken läuten. Ein sehr verbreiteter Trick von Betrügern, die sich als neue Mitbewohner ausgeben, besteht darin, einen Scheck für die Kaution oder Miete zu schicken und dann unter einem Vorwand nicht mehr in die WG einziehen zu können/wollen und deshalb das Geld zurückzuverlangen. Manche schicken auch Schecks mit einem zu hohen Betrag und verlangen die Differenz zurück. Wenn du endlich bemerkst, dass der ursprüngliche Scheck ein Fake war, hast du die Rückerstattung natürlich schon längst angewiesen und damit verdammtes Pech gehabt, mein Freund. Noch was dazu: Niemals Geld mit *Western Union* schicken, da das nicht nachverfolgt werden kann ... und ich meine damit, dass es überhaupt und absolut nicht nachverfolgbar ist!!! Ausnahme: Du musst Geld an deine Verwandten in Timbuktu schicken.

- Mr. Spam-a-lot. Bevor du eine E-Mail-Adresse angibst, solltest du dir die Datenschutzrichtlinien der Seite durchlesen und immer die

Option wählen, bei der deine Kontaktdaten nicht an andere Unternehmen weitergegeben werden. Dafür gibt's eigentlich fast immer so kleine, feine Kästchen zum Anklicken. Gewöhne dir diesen Check einfach an, denn andernfalls quillt dein Posteingang bald über mit tollen Angeboten für kanadisches Viagra, die Verlängerung deines besten Teils und Anfragen von entthronten nigerianischen Prinzen, die ihre Millionen auf deinem Bankkonto bunkern wollen.

Mitbewohnersuche in Old-School-Manier

Du kannst natürlich auch im Aktivisten-Stil losziehen und Flyer an Orten aufhängen, an denen sich dein idealer Mitbewohner aufhalten könnte: in Cafés, im Fitnesscenter, am Busbahnhof etc. Eine Privatanzeige in der Lokalzeitung macht sich vielleicht auch nicht schlecht … Allerdings solltest du vor so einer Aktion erst einmal checken, ob das Farbband in deiner Schreibmaschine noch was hergibt – bevor du dir die Mühe mit dem Briefeschreiben machst, meine ich.

Wenn das Erstsemester naht

Du ziehst zum Studieren in eine andere Stadt? Glückwunsch! Du stehst am Anfang der tollsten, lockersten und alkoholreichsten vier bis sechs Jahre deines Lebens.

Es scheint recht verlockend, mit einem Freund aus der Abiturstufe zusammenzuziehen. Denn mit jemandem zusammenzuwohnen, den du kennst und dem du vertraust, bringt ganz klare Vorteile mit sich. Eine derartige WG-Konstellation wird dir vertraut erscheinen, und außerdem hast du jemanden, an dem du dich in dieser ersten verwirrenden und aufregenden Zeit orientieren und festhalten kannst – wenn du merkst, dass du nur ein kleiner Fisch in einem sehr großen Teich bist. Es gibt allerdings auch einige Haken an einem Mitbewohner, der deinen weniger schmeichelhaften Spitznamen aus dem Kindergarten kennt und auch genau weiß, mit wie vielen Leuten du bisher geschlafen bzw. nicht geschlafen hast.

Denk daran, dass die Universität eine Zeit ist, in der du deinen Horizont erweitern und neue Leute kennenlernen kannst. Wenn du mit einem langjährigen Freund zusammenwohnst, solltest du auch mal ohne ihn ausgehen und dich der Gefahr aussetzen, einen neuen Spitznamen verpasst zu bekommen: *Lucky Luke* oder *Rantanplan* zum Beispiel.

Auf der anderen Seite kannst du natürlich auch voll auf Risiko setzen, dich dem Schicksal hingeben und an der Mitbewohner-Lotterie teilnehmen. Mit diesem Verfahren losen einige Unis aus, wer mit wem das Wohnheimzimmer teilen darf. Es ist einfach unglaublich, wie das Zusammenleben mit einer komplett fremden Person deinen Horizont und deine Drogen-Connections erweitern kann. Früher hieß es bei der

Lotterie einfach nur: Formular abgeben und Daumen drücken. Heute haben einige Unis die Zimmerbelegung aber zu einer eigenständigen Wissenschaft weiterentwickelt, bei der Persönlichkeitstests, Fragebögen und sogar DNA-Analysen (mit minimal-invasiver Körperhöhlensondierung) angewendet werden.

In einigen US-amerikanischen Unis kann man seine Mitbewohner auch selbst online suchen und auswählen. Die Emory University in Atlanta, Georgia, und die University of Kentucky in Lexington haben mehr als 35.000 EURO in eine Software der Firma WebRoomz investiert, mit der die ideale Belegung der Wohnheimzimmer ein Kinderspiel ist. Andere Universitäten, wie die Oregon State University, haben dafür ihre eigene Software entwickelt. Das Ergebnis ist eine stark gesunkene Anzahl an Beschwerden und Tauschanfragen. Außerdem gibt es jetzt auch weniger Erstsemester, die auf den Couches in den Gemeinschaftsräumen nächtigen.

Die Kunst der Anzeige

Wenn du eine Anzeige für deine Mitbewohnersuche schreibst, solltest du dich auf die Beschreibung der Wohnung und deiner Person konzentrieren und nicht so sehr auf die andere Person. Dadurch erübrigt sich ein wenig das nervtötende Filtern unter all den interesssierten Kandidaten, weil alle Leute, die nicht zu dir passen, durch die detaillierte Beschreibung deiner Person von allein aufgeben werden.

Eine derartige Selbstselektion ist schon eine tolle Sache: Wenn du dich als eine Person beschreibst, die gerne ausgeht und deren

Wohnung wohlweislich in der Nähe von verschiedenen Kneipen liegt, werden sich Mauerblümchen und Teetrinker von selbst aussortieren. Andererseits kannst du auch in liebevollen Worten von deinem Haustier schreiben – einer Schlange!, sodass sich eher Reptilienliebhaber auf deine Anzeige melden werden. Vielleicht melden sich auf eine solche „Schlangenanzeige" aber auch so Pfingstgemeindler-Dorfnasen ... aber das ist noch eine andere Geschichte.

Du solltest auch keine Angst davor haben, deine Persönlichkeit in der Anzeige rüberzubringen. Wenn du eine temperamentvolle Person bist und du dich gerade so fühlst, dann mach hinter jeden Satz ein Ausrufezeichen! Ich meine richtig fette Ausrufezeichen**!!!** Du magst Sport?

Dann vorwärts, erwähne deine Lieblingsmannschaften und verwurste alle Sportmetaphern, die dir so einfallen. Du denkst, du hast ein komisches Talent? Dann los, hau sie vom Hocker! Lustig kommt immer gut. Wenn du allerdings ein reinlicher und respektvoller junger Berufstätiger auf der Suche nach eben so einem Mitbewohner bist, dann schreib das auf jeden Fall auch in deiner Anzeige. Du solltest dann aber auch darauf vorbereitet sein, mit so einem richtigen Pappkameraden deine Wohnung zu teilen. Wem's gefällt!?

Wenn du auf der Seite Fotos hochladen kannst, was normalerweise möglich ist, dann nimm Fotos von dir, von der Wohnung und den WG-Grundriss. Auf der Seite www.easywg.de heißt es zum Beispiel, dass Anzeigen mit Fotos zehnmal mehr Zuschriften kriegen als andere.

Neben der Beschreibung deiner Person solltest du aber nicht die As und Os vergessen: Adresse, Miete, Nebenkosten, gemeinsam genutzte Einrichtungen (z. B.: Bad, Küche, Kabelfernsehen etc.), Haustierregelung und für dich absolut inakzeptable Dinge (z. B.: Rauchen, Schlangen etc.). Im Folgenden einige Beispiele, wie Anzeigen aussehen könnten:

Promi sucht Mitbewohner

SIEGFRIED UND ROY: Zwei spaßhungrige Männer aus Bayern suchen
Tierliebhaber mit Interesse an Teilzeitwohnrecht in Wohnung mit Blick

auf das Lichtermeer von Las Vegas. Als Berufstätige in der Unterhaltungsbranche machen wir das
Unmögliche möglich und arbeiten daher meistens
nachts. Roy kann morgens etwas muffig sein, macht
aber ein spitzenmäßiges Omelett! Es handelt
sich um eine Zweizimmer-Eigentumswohnung mit
Zottelteppich, 3 Bädern (mit Bidet), Panoramafenster, Waschmaschine,
Trockner und Streichelzoo. Kandidaten sollten Katzenliebhaber sein. Bei
Interesse bitte per E-Mail bei heimlicheliebe@aol.com melden.

KISS: Wir suchen nach einem Mitbewohner, der die
ganze Nacht mit uns rocken und jeden Tag Party
machen will. Konsum von Partydrogen sollte kein
Problem darstellen. Keine Schmink-Allergien. Eigene

Schamkapsel ist definitiv von Vorteil. Kabelfernsehen
(inkl. Premiere und Kinokanal) und Internet vorhan-
den. Keine Katzen. Interessenten melden sich per Mail bei Gene unter
der Adresse inkarnationdesbösen@hotmail.com.

BILL CLINTON: Reifer, charismatischer Politiker in den besten Jahren
sucht diskrete Mitbewohnerin, die möglichst unauffällig den Flügel
eines großen, einsamen Stadthauses in Chappaqua, New York, als

persönliche Assistentin beziehen möchte. Das ganze Haus kann benutzt werden: Küche, Wohnzimmer, verwaister Fitnessraum und Schlafzimmer. Außerdem Zugang zu diversen Körperöffnungen erwünscht. Die Räume wurden erst kürzlich gestrichen – ich habe aber nichts von den Lösungsmitteln und Farben inhaliert, ich schwör's. Sonnenterrasse mit Grill. Sehr sicher. Sehr privat. Exzellenter Sicherheitsdienst. Diskrete chemische Reinigung gleich in der Nähe. Zigarrenraucherinnen willkommen.

MARTHA STEWART:

Medienmogulin sucht sorgsamen Mieter für das Gästehaus ihres Landsitzes in Connecticut. Dieses wunderschöne Landhaus im Tudorstil besticht vor allem durch folgende Besonderheiten: gebeizte Ahornholzböden, Lampen aus mundgeblasenem Glas, ein herrlicher Englischer Garten, eine erst kürzlich generalüberholte mintgrüne Küche, eine „Matschschleuse" und diverse Pferdeställe. Vom Haus aus kann man zu Fuß drei Bioläden, zwei Antiquitätenhandlungen und ein Milchwarenfachgeschäft erreichen. Gut gelegen also. Ich koche, mache sauber, erledige die Gartenarbeit und stelle in Handarbeit skurrile Tafelgestecke aus verschiedenen Korksorten des 19. Jahrhunderts her – eigentlich erwarte ich von dem idealen Kandidaten, dass er sich dafür genauso begeistert und engagiert wie ich. Die Besichtigung ist möglich am Tag der offenen Tür, Donnerstag, den 4. Mai, von 13:00 bis 15:00 Uhr.

TYRA BANKS: Selbstbewusste berufstätige Afroamerikanerin sucht *America's Next Top-Mitbewohner*, um gemeinsam in einer scharfen 4-Zimmer-Villa in Malibu zu wohnen. Ich bin eine großartige Zuhörerin und total selbstsicher in meinem heißen Körper und würde dir gern helfen, dir selbst zu helfen! 1.200 EURO Monatsmiete, NK inbegriffen!!!!!!

RONALD MCDONALD: Ich möchte einfach mit Leuten wohnen, die mich nicht jedes Mal fragen, ob ich auch Pommes dazu will, wenn ich mir nur mal etwas Milch borgen will. Monatsmiete 99 Cent ohne NK. Leute, die bei Burger King essen, brauchen sich nicht zu bewerben. Bei Interesse einfach bei Mc D., Gasthof zum goldenen M, zwischen 08:00 und 17:00 Uhr anrufen und nach Ronnie fragen.

BJÖRK: Asssssssssflpth Peking schmoomama eeeeeeeeeek Birkenstock bwapbwap mnalkwerty; falalalala jjjurkl schööööööner Schrank! Schrank" Flllptht ty ty tya eeeeeeek mwahahaha mwahahaha dunnnnnnnnkel schrrrrrrrräääääääger Schwan. Hauptstraße, Reykjavik, Island. 440 EURO/Monat.

Hallöle, Mitbewohner?

....

Es hat sich also jemand bei dir gemeldet, der ganz nach deinem Traum-Mitbewohner aussieht? Das ist ja ganz wunderbar! Bevor du jetzt aber voll aufdrehst und gleich einen Mietvertrag aufsetzt und unterschreiben lässt, solltest du erst einmal abchecken, ob zwischen euch auch die Chemie stimmt.

Das läuft im Grunde wie ein Blind Date ab: Augen zu, und los geht's. Am besten fängt man mit einer E-Mail an. Wenn er/sie dich dann noch interessiert, ist der nächste Schritt ein Telefongespräch. Hast du dann immer noch den Eindruck, dass dein potenzieller neuer Mitwohnie nicht ein kompletter Volldepp ist, dann schlag ein persönliches Treffen vor. Wenn das in deiner Wohnung bzw. in der zukünftigen gemeinsamen Wohnung stattfindet, solltest du zu dem Treffen einen Freund oder eine Freundin mitnehmen. Ich bin nämlich der Meinung, dass du einen Psycho-Axtmörder nicht von einem normalen Typen unterscheiden könntest, selbst wenn er vor dir steht ... Wenn wir eins aus den all-abendlichen Lokalnachrichten gelernt haben, dann ja wohl, dass diese durchgeknallten Serienkiller immer eher nette, ruhige und unauffällige Typen sind.

Wenn dein Rendezvous an einem neutralen Ort stattfindet, bei *Starbucks* etwa oder auch in einer Zoohandlung, so ist es trotzdem eine gute Idee, (wenn möglich) die zukünftige gemeinsame Wohnung auch gemeinsam zu besichtigen, bevor ihr einen Mietvertrag unterzeichnet. Falls es vor eurem Einzug noch irgendwelche Dinge in der Wohnung zu klären gibt, so seid ihr beide auf dem gleichen Stand.

Eine Freundin von mir kam einmal mit dem Umzugswagen an der gemeinsamen Wohnung an und musste dann feststellen, dass ihr Mitbewohner sich bereits in dem Zimmer breitgemacht hatte, das sie für das ihrige hielt. Es folgte eine knallharte Runde Schnick-Schnack-Schnuck oder Stein-Schere-Papier, wie manche es nennen ... und ich schwöre dir, bis zum heutigen Tag verfolgt sie dieses Erlebnis in ihren Albträumen.

Beherzige also lieber folgenden Tipp: Lerne die Person kennen. Frage sie aus. Was macht sie, um sich zu amüsieren? Hat sie eine Freundin bzw. einen Freund? Was für Musik mag sie? Denk dir einfach 20 Fragen aus, um in die dunkelsten und bestgehüteten Geheimnisse deines neuen Mitbewohners vorzudringen und seine Kindheitstraumata zu ergründen. Du kannst aber auch das Kompatibilitäts-Quiz auf der nächsten Seite dafür verwenden, das ich ganz frech aus einer alten Ausgabe des *Cosmopolitan* geklaut habe.

Wenn du wirklich paranoid bist – oder einfach nur extrem neugierig – so steht es dir absolut frei, einen Privatdetektiv mit einer genauen Untersuchung seines Backgrounds zu beauftragen oder eine Kreditauskunft von deinem Mitbewohner zu verlangen. Du solltest aber auch darauf vorbereitet sein, selbst die Hosen runterlassen zu müssen. Wenn du dich etwas komisch

dabei fühlst, in der Vergangenheit deines zukünftigen Mitbewohners rumzuschnüffeln, aber eine gute Beziehung zu deinem Vermieter hast, kannst du diesen bitten, die Angelegenheit für dich zu übernehmen. Ist das verschlagen und unaufrichtig? Ja! Lässt dich das aber ruhiger schlafen? Definitiv!

Aber Achtung! Das ist sehr WICHTIG: Wenn du Zweifel hast und dir nicht wirklich sicher bist, solltest du dich nicht unter Druck setzen lassen, „ja" zu einem Mitbewohner sagen zu müssen. Es ist nämlich viel einfacher, zu diesem Zeitpunkt „nein" zu sagen, als später einen Rausschmiss durchzuziehen.

Mitbewohner-Kompatibilitäts-Quiz

Mit diesem einfachen Quiz wirst du in kürzester Zeit herausfinden, ob du und dein zukünftiger Mitbewohner wirklich zusammenwohnen könnt oder eher ein Fall für das Amtsgericht seid. Alle Beteiligten sollten dieses Quiz machen, BEVOR irgendein (Unter-)Mietvertrag unterschrieben wird, und BEVOR das Unheil vielleicht schon seinen Lauf nimmt.

1. Der perfekte Abend sieht so aus:

– Essen vom Inder auf der Couch.
– Von einem Club zum anderen jetten und mit komischen Leuten rummachen.
– Abendessen und Film.
– Vibrationstherapie.

2. Dein Einkommen lässt sich folgendermaßen beschreiben:

– Ich verdiene uuuuuuuuuuunglaublich viel Schotter.
– Ich verdiene genug, um gut damit auszukommen.
– Ich stottere Kredite ab.
– In Sachen Geld habe ich nur noch Feinde.

3. Wie würdest du dich selbst beschreiben:

– Frühaufsteher.
– Nachteule.
– Schlafloser.
– Unzufriedener Kauz.

4. Am liebsten machst du Liebe:

- In der Nacht.
- Am Morgen.
- Wenn gerade „Letterman" oder „Schmidt & Pocher" läuft.
- im Bett deiner Mitbewohner, wenn diese nicht zu Hause sind.

5. Du isst:

- Drei anständige Mahlzeiten täglich.
- Über den Tag verteilt.
- Alles, was du nicht gekauft hast.
- Aus dem Müll.

6. Du rauchst:

- Niemals; das ist doch widerlich.
- Eine Schachtel am Tag.
- Nur, wenn du betrunken bist.
- Opium.

7. Als Zuhörer würd est du dich so einschätzen:

- Hervorragend.
- Durchschnittlich.
- Wie war die Frage noch mal?
- Rechnung, bitte!

8. Als Gesprächspartner würdest du dich so einstufen:

- Hervorragend.
- Durchschnittlich.
- Eher isoliert.
- Was zur Hölle soll das schon wieder bedeuten?

9. Wenn ihr Pläne schmiedet, läuft es für gewöhnlich darauf hinaus, dass du machst,

- was die andere Person will.
- was du willst.
- was Jesus tun würde.
- was dir die Stimmen sagen.

10. Sauberkeit ist für dich:

- eine Sache, die gleich nach Gottesfurcht kommt.
- ein Ziel.
- eine Zeitverschwendung.
- Was läuft nur falsch in unserer Zivilisation?

11. Du lachst:

- Oft.
- Ein oder zwei Mal am Tag.
- Wenn die Sendung „Pleiten, Pech und Pannen" läuft.
- Über das Unglück anderer Leute.

12. Zum Thema Freunde würdest du sagen, dass du:

- Viele hast.
- Einen kleinen Kreis guter Freunde hast.
- Genügend hast.
- 3.436 Freunde auf Myspace hast.

13. Du wirst laut:

- Nur in einer Notfallsituation.
- Hin und wieder.
- Sehr oft.
- Definiere bitte erst mal „laut".

Es gibt einen Punkt für jede Frage, die du und dein potenzieller Mitbewohner gleich beantwortet hat. Hier die Ergebnisübersicht:

10 – 13: Besiegelt eure Beziehung mit einer eingetragenen Partnerschaft beim Standesamt. Eine Liebesheirat wird das nie und nimmer übertreffen können.

5 – 9: Ihr seid einfach nur durchschnittlich und werdet auch immer nur eine durchschnittliche WG-Beziehung zueinander haben.

1 – 4: Hau schnellstens ab! Vielleicht solltest du dir sogar überlegen, die Schlösser auszutauschen. Vielleicht änderst du auch deine Nummer. Stell keine Fragen. Du verschwendest nur deine Zeit. Nichts wie weg!

Vor der Vertragsunterzeichnung

Ich höre schon eure Kommentare: „Wir wollen einen Ehevertrag! Wir brauchen einen Ehevertrag!" Einen Ehevertrag braucht ihr eher nicht, glaubt mir. Wie in jeder Beziehung mit Bedeutung ist es aber keine allzu schlechte Idee, dass alle Parteien einen Vertrag unterschreiben: Im Falle einer WG sollte dieser die Hausregeln und finanziellen Verpflichtungen festschreiben. Bei Brad Pitt und Jennifer Aniston hätte auch keiner gedacht, dass sie sich mal wegen solcher Kleinigkeiten trennen würden ... und wenn's die beiden getroffen hat, kann's auch dich treffen! Angenommen, einer von euch WG-Bewohnern ist irgendwann einmal überzeugt davon, dass ihr unüberbrückbare Meinungsverschiedenheiten habt – dann kann euch so ein Vertrag davor bewahren, mit einem Rechtstreit vor Richterin Barbara Salesch zu landen. Musterverträge findest du übrigens im Internet.

Folgende Punkte sollten in dem Vertrag geregelt sein: Miete und Kaution, Nebenkosten, Nahrungsmittel, Haustiere, Besuche, Leihgaben und Auszug. Du willst schließlich nicht, dass dein Mitbewohner dir auf einmal sagt, dass er morgen auszieht, und dir dann mit unschuldigem Hundeblick erklärt: „Aber ich dachte eigentlich, dass du dich um einen Ersatz kümmern würdest." (Ach ja?? Das dachtest du also, du Hornochse, was?!)

Ladet euch den Mustervertrag runter, schreibt eure Regeln meinetwegen auf die Rückseite eines Pizza-Kartons, tippt einen Mustervertrag ab, laminiert ihn und hängt ihn mit einem Magneten an den Kühlschrank, was auch immer ... Hauptsache ist, ihr habt eine schriftliche Vereinbarung und hebt diese an einem sicheren Ort auf. Ja, keine Frage: Wenn du darauf bestehst, dann hast du danach definitiv den Ruf als kleinlicher Pedant und misstrauischer Spießer weg, aber das Ganze ist sehr praktisch, wenn du in bestimmten Situationen dem Gedächtnis einiger Mitbewohner auf die Sprünge helfen willst oder sogar Beine machen musst.

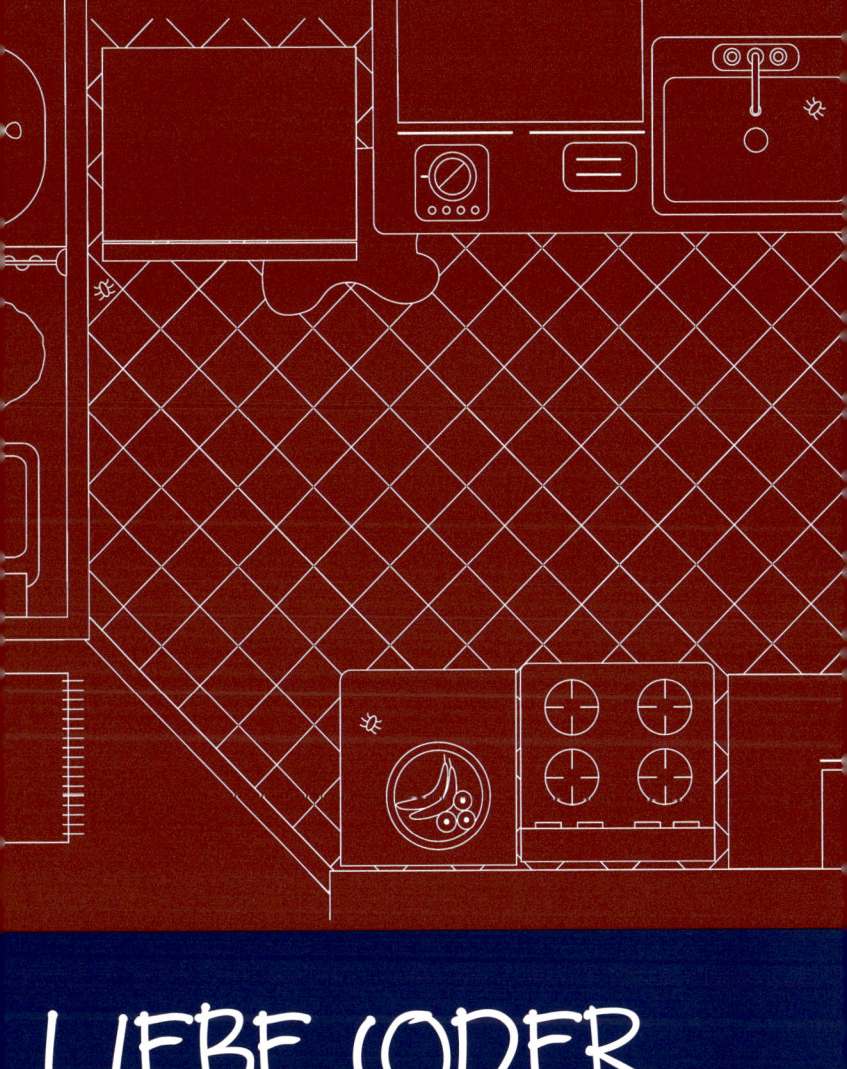

LIEBE (ODER VERACHTUNG)

Insgeheim doch schwul? Auf keinen Fall. Ernie und Bert führen einfach eine supersolide Mitbewohnerbeziehung.

3
Das Bad als heiß umkämpftes Schlachtfeld

Ich bitte um etwas Etikette auf der Toilette!

Das Verhalten im Bad bzw. die Kritik daran kann ein heikles Thema zwischen Mitbewohnern sein und das nicht zuletzt wegen der Freud'schen Implikationen. Wenn ich dich beispielsweise bitte, beim kleinen Geschäft den Toilettensitz runterzuklappen und dich hinzusetzen, verurteile ich damit in Wirklichkeit nicht nur deine Unfähigkeit, über die aus deiner Kindheit stammenden Neurosen hinwegzukommen, sondern auch die Unzulänglichkeit des Erziehungsstils deiner Mutter. Um diese unangenehmen Psycho-Momente zu vermeiden, solltest du vielleicht eine Wohnung mit zwei getrennten Bädern in Betracht ziehen.

Es gibt nicht weniger als drei entscheidende Gründe, warum getrennte Bäder zu bevorzugen sind. Beim ersten geht es um die Ehre. Was du am wenigsten willst auf dieser Welt, ist, dass deine Mitbewohnerin deine Toilettengerüche wahrnimmt. Soweit es sie etwas angeht, pupst du nicht, machst kein großes Geschäft, und wenn du Spargel gegessen hast, riecht dein Urin trotzdem wie Rosenwasser. (Das gilt natürlich nicht für Typen, die so stolz auf ihren Stuhlgang sind, dass sie ihn zur Schau stellen müssen, und Freude daran haben, andere Leute mit ähnlich abstoßenden Einzelheiten anzuwidern.)

Der zweite Grund hat mit Sauberkeit zu tun. Wenn du dein Bad bisher noch nie mit Schwarzlicht untersucht hast, solltest du das auch in Zukunft lieber nicht tun. Dann gibt es nämlich kein Zurück mehr, und unter Umständen endest du wie Howard Hughes und leidest für alle Ewigkeit unter einem Waschzwang. Wenn man es ganz genau nimmt, dann haben sich eure Allerwertesten spätestens in dem Moment berührt, in dem du und deine Mitbewohnerin den gleichen Toilettensitz benutzt habt ... und dazu musste sie dich noch nicht mal zum Abendessen einladen. Gemein, was? Das ist einfach nur ekelerregend. Klar kann man es auch so sehen: Keime sind Keime. Aber letztlich wirst du doch deine Keime den ihren vorziehen – und zwar an jedem einzelnen Wochentag –, schließlich wissen sich deine zu benehmen.

Der dritte Grund betrifft hauptsächlich Frauen und Metrosexuelle und hat mit Zeitmanagement zu tun. Wenn dein Mitbewohner das Bad blockiert, während du dich für die Arbeit fertig machst, dann wird's eng. Heißwasserreserven und die Lufthoheit vor dem Spiegel sind die hauptsächlichen Streitpunkte in dieser immerwährenden Auseinandersetzung von Menschen, die unter dem gleichen Dach leben.

Die faire gemeinsame Benutzung des Badezimmers gleicht im Grunde einer minutiös durchgeplanten Ballettaufführung. Es kann Monate oder sogar Jahre dauern, bevor man die Choreografie mit mehreren Personen perfekt einstudiert hat. In der langen Zwischenzeit wird es viel ungeduldiges Füßescharren und nervöses Türklopfen geben.

Leider ist ein eigenes Bad für die meisten WG-Bewohner ein ziemlicher Luxus, wenn dich das irgendwie beruhigt. Falls du ein Bad mit einer anderen Person teilen musst, so gibt es einige grundlegende Regeln, an die du dich halten solltest. Und mach deinem Mitbewohner gleich von Anfang an klar, dass er sich auch daran zu halten hat. Wie man sieht, ist Töpfchen-Training nicht nur was für Zweijährige, sondern auch was für unfähige Mitbewohner! Befolge einfach die folgenden Schritte, dann wird am Ende alles gut:

- Spülen. Es gibt eigentlich nur eine gültige Ausnahme: Wenn ihr beide zur Müslifresser-Fraktion gehört, dann lautet die Maxime: „When it's yellow, let it mellow. If it's brown, flush it down." Das bedeutet also in etwa: Wenn es gelb ist, ruhig stehen lassen, aber wenn's braun ist, dann um Himmels willen unbedingt runterspülen!

- Zeitpläne abstimmen. Wenn zwei Leute zur gleichen Zeit duschen wollen, so erhält derjenige Vortritt, der früher losmuss. Keine Dusche länger als 15 Minuten und Vollbäder bitte nur so lange, bis die Haut schrumpelig wird.

- Um es mit den unsterblichen Worten von Patrick Swayze in *Dirty Dancing* zu sagen: „Das ist dein Tanzbereich – das ist mein Tanzbereich!" Blockiert also nicht die ganze Badezimmerablage oder den Alibert nur mit euren Sachen. Wenn du mehr Toiletten- und Kosmetikartikel hast als Prince, dann solltest du alles, was vor Ort nicht essenziell ist, in deinem Zimmer lagern. Nicht zuletzt haben die Leute von Portas und diese cleveren Schweden von IKEA auch eine ganze Reihe raffinierter und platzsparender Lager- und Abstellmöglichkeiten entwickelt.

- Direkt nach der Benutzung putzen. Wenn jeder immer direkt selbst die Duschreste von Badewanne, Spiegeln und anderen Oberflächen abwischt (vergiss nicht den Duschvorhang) und ihr Spülsteine verwendet, dann verlängert sich die Zeit zwischen anstrengenden

Putzaktionen im Badezimmer. Entsprechende Putzmittel und -lappen solltet ihr leicht zugänglich aufbewahren, sodass es keinerlei Entschuldigung gibt.

- Außerdem empfehle ich Streichhölzer, dezent duftende Kerzen und Lesestoff – vielleicht sogar dieses Buch –, um die Zeit auf der Toilette für alle Beteiligten so angenehm wie möglich zu gestalten.

GUT GEMEINTE VS. BÖSE GEMEINTE HANDLUNGSOPTIONEN

Total Frontal

Die Situation: *Sicher, Offenheit und Akzeptanz des eigenen Körpers sind auch dir ein Anliegen, aber wenn dein Mitbewohner noch ein Mal die Tür offen lässt, während er auf dem Thron sein Geschäft verrichtet, dann musst du wahrscheinlich kotzen.*

 Die gut gemeinte Option: Das nächste Mal, wenn dein Mitbewohner wieder mal alle Welt an seiner Sitzung teilhaben lässt, dann frag ihn einfach, ob du die Tür für ihn schließen sollst, oder tu es einfach selbst leise im Vorbeigehen.

 Die böse gemeinte Option: Auf einer kleinen Karteikarte kannst du die Definition des Wortes „Anstand" schreiben und sie dann an den Spiegel im Bad kleben: „Anstand (m); kein Plural; Umgangsform: gutes, höfliches Benehmen". Bezeichne in Gesprächen mit deinem Mitbewohner die Region unterhalb der Gürtellinie zukünftig nur noch als deine „privaten Körperteile". Entweder wird er es dann kapieren oder sich gnadenlos hinter deinem Rücken über dich lustig machen.

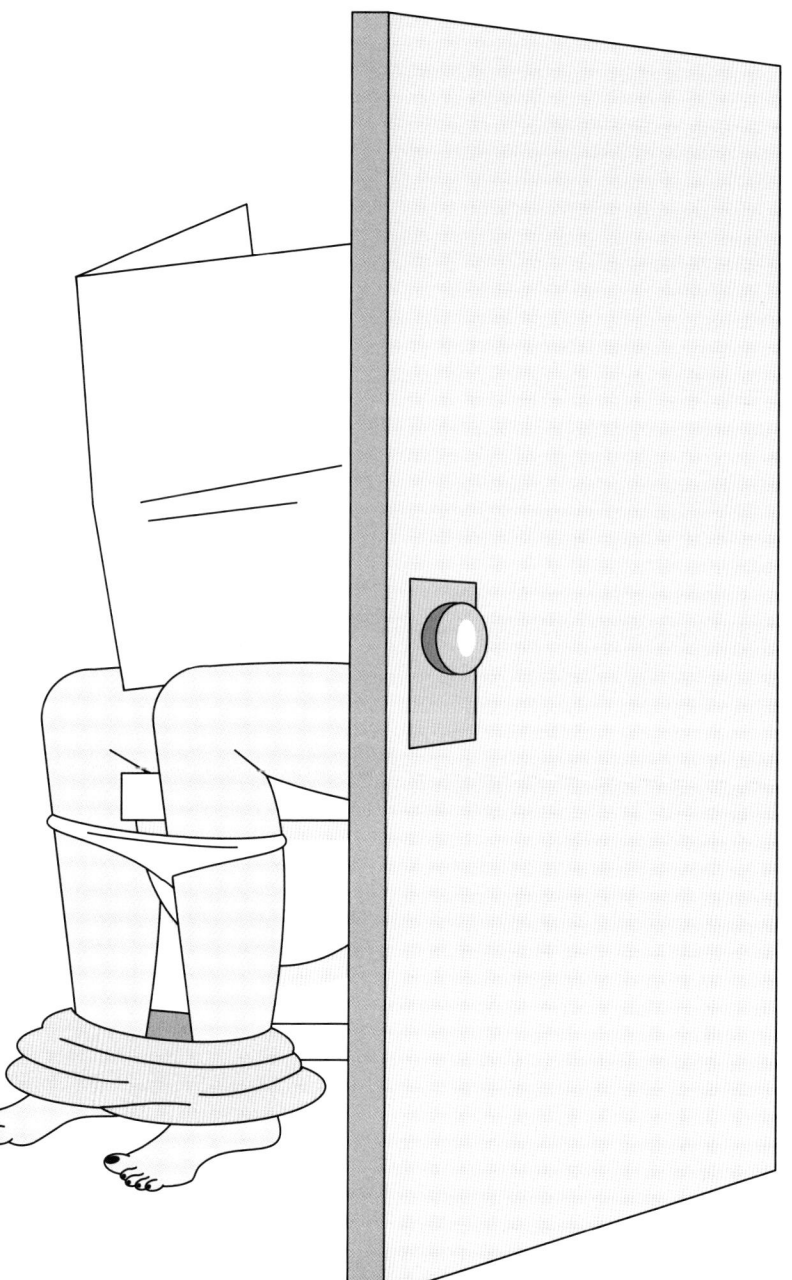

Wanne schrubben & Co.

Die Situation: *Du hast die letzten 68 Mal das Badezimmer geputzt, weil deine Mitbewohnerin nicht zu verstehen scheint, dass ein Bad nehmen nicht wirklich Sinn macht, wenn man in Dreck und Schmutz badet. Von der Toilettenbrille wollen wir gar nicht erst anfangen.*

 Die gut gemeinte Option: Sag ihr ganz direkt, dass sie das Bad putzen soll, und zwar richtig, auf allen vieren. Alternativ kann sie sich an den Kosten für eine Putzhilfe beteiligen.

 **Die böse gemeinte Option:** Hör einfach auf, dauernd sauber zu machen, und warte, bis Pilze in der Toilette wachsen (alles schon da gewesen!). Es kommt auch gut, ihr Handtuch wieder und wieder „aus Versehen" auf den dreckigen Boden fallen zu lassen.

Die Warmwasser-Problematik

Die Situation: *Da dein Mitbewohner morgens immer das gesamte warme Wasser verbraucht und du den ganzen Monat schon kalt duschen musstest, bist du mittlerweile schon so abgestumpft, dass auch eine kalte Dusche deinen Kreislauf nicht mehr in Schwung bringt. Außerdem bist du durch seine ewig dauernden Morgenduschen immer spät dran und läufst sogar Gefahr, deswegen gefeuert zu werden.*

 Die gut gemeinte Option: Bitte deinen Mitbewohner einfach, seine Duschzeit morgens etwas zu verkürzen, sodass ihr beide warmes Wasser abbekommt. Vielleicht macht sich eine Eieruhr im Bad ganz gut, sodass jeder weiß, wie lange er schon duscht und wann Schluss sein sollte. Du kannst dich aber auch selbstlos opfern und morgens früh genug aufstehen, um vor ihm zu duschen.

 **Die böse gemeinte Option:** Löse den Feuermelder in eurer Wohnung aus, wenn die deinem Mitbewohner zugeteilten zwei Minuten Duschzeit um sind. Wenn er dann, nur mit einem Handtuch bekleidet, vom Evakuierungspunkt vor dem Haus wiederkommt und merkt, dass du seelenruhig duschst, wird er den Wink mit dem Zaunpfahl schon verstehen. Wenn nicht, einfach täglich wiederholen, bis sich Erfolg einstellt.
Hinweis: Wenn sich euer Hausmeister über den täglichen Feueralarm bei euch wundert, dann sag einfach, dass die billigen Rauchmelder in eurer Wohnung schuld sind. Vielleicht werden die Dinger dann sogar mal ersetzt.

Nichts zu verschenken

Die Situation: *Mitten in einer hingebungsvollen Toilettensitzung merkst du, dass dir deine Mitbewohnerin genau ein Blatt des weichen weißen Papiers auf der Rolle übrig gelassen hat ... Sehr rücksichtsvoll, vor allem da sie NIE Toilettenpapier kauft!*

 Die gut gemeinte Option: Schüttle „es" einfach irgendwie ab oder such im Müll nach sauberen Klopapierfetzen. Bitte deine Mitbewohnerin dann höflich darum, ein Riesenpaket Toilettenpapier zu kaufen.

 **Die böse gemeinte Option:** Schummle ihr ein Abführmittel unter und stell vorher sicher, dass nichts mehr außer der blanken Pappe auf der Rolle ist. Dann schau dir genüsslich an, wie sie es findet, in so einer Situation ohne Toilettenpapier auskommen zu müssen. Sie wird von nun an bestimmt immer darauf achten, dass genügend Papier da ist.

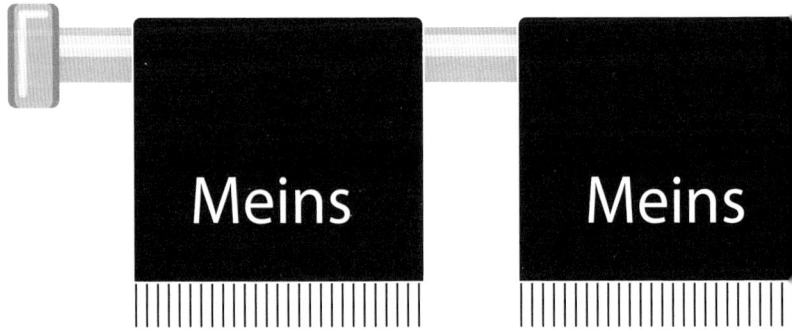

Mein Handtuch, dein Handtuch

Die Situation: *Du greifst nach dem Handtuch, aber es ist triefend nass. Deine Mitbewohnerin hat es scheinbar schon wieder benutzt. Ekelhaft.*

 Die gut gemeinte Option: Hol einfach ein frisches Handtuch aus dem Wäscheschrank und häng dein Handtuch von nun an in deinem Zimmer auf.

 Die böse gemeinte Option: Sticke gut sichtbar Monogramme auf alle deine Handtücher. Eine nette Alternative zu deinen Initialen ist das Wort „MEINS".

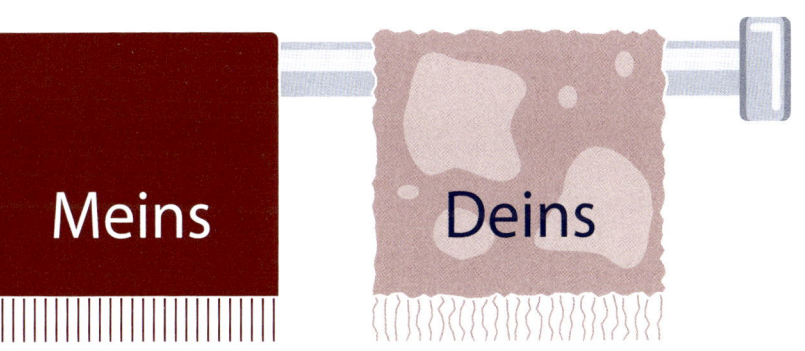

Meins   Deins

Die Haarhölle

Die Situation: *Man könnte annehmen, du wohnst mit einem Yeti zusammen, wenn man sich all die mit Haaren verstopften Abflüsse und die aufgerollten Haarbälle in den Ecken des Bads ansieht.*

 Die gut gemeinte Option: Deine Mitbewohnerin, die Arme, kann eigentlich nichts dafür, wenn sie mehr Haare verliert als ein Labrador-Retriever ... also locker bleiben. Mache sie vorsichtig darauf aufmerksam und sorge dafür, dass ihr regelmäßig *Abflussfrei* benutzt und den Fußboden wischt.

 Die böse gemeinte Option: Frag deine Mitbewohnerin, ob sie sich wirklich gesund fühlt. Füge hinzu, dass Haarverlust ein Symptom schwerer Krankheiten sein kann, und biete ihr an, sie zum Arzt zu begleiten.

WAHRE MITBEWOHNER-GESCHICHTEN

Als ich erst sehr kurz mit meinem Mitbewohner zusammenwohnte, sagte er zu mir: „Lass mich mal deinen Penis sehen." Ich sagte nur: „Nein! Warum willst du den denn sehen?" Er erwiderte: „Ich will nur wissen, womit ich es hier zu tun hab." Er schämte sich kein bisschen dafür ... Im Gegenteil, er erzählte es sogar anderen Leuten: „Judd will ihn mir einfach nicht zeigen. Er zeigt ihn mir einfach nicht." Eines Tages ging ich auf die Toilette, und wie ich da so stehe, sehe ich ihn über meine Schulter luchsen. Alles, was er zu mir sagte, war: „Alles klar, Mann. Alles klar." Ich denke auch, dass dann alles klar war.
Judd aus Los Angeles, Kalifornien

AUFKLEBER ZUM AUSSCHNEIDEN

Mit diesem Aufkleber bannt ihr die Gefahr, von in der Schüssel frei zur Schau gestellten Häufchen unangenehm überrascht zu werden. Einfach entlang der gestrichelten Linie ausschneiden und auf die Unterseite des Toilettendeckels kleben.

LASS MICH ABTAUCHEN!

Klebe diesen Aufkleber auf den Deckel der Crème-de-la-Mer-Gesichtscreme, für die du eine Niere verkaufen musstest, um sie dir leisten zu können. Du wirst sehen, dass sie auf wundersame Weise viel länger reicht als angenommen.

VORSICHT:

EXPERIMENTELLE REZEPTUR.
VERURSACHT HAUTAUSSCHLAG,
VERBRENNUNGEN UND DURCHFALL.

Niemals zu alt, um zusammenzuwohnen:
Die GOLDEN GIRLS beim Jammern in der Küche.

4
Zu viele Köche verderben den Brei

Essen und Trinken hält Leib und WG zusammen

....

Viele Leute wissen das nicht, aber der ursprüngliche Entwurf für die goldenste aller Goldenen Regeln lautete ungefähr: „Wasch gefälligst dein eigenes verdammtes Geschirr ab." Jeder, der schon einmal mit einem Mitbewohner zusammengelebt hat, wird dir bestätigen können, dass im Herzstück einer Wohnung, in der Küche – wo das Essen gelagert wird und oft das größte Chaos herrscht – viele der häuslichen Diskussionen beginnen.

Nun, ich habe auch diese Gerüchte von Mitbewohnern gehört, die wirklich nur ihre eigenen Nahrungsmittel essen oder alle zwei Wochen zusammen einkaufen gehen – Engel, die immer ihre Kaffeetassen auswaschen und die Spülmaschine ausräumen, wenn das Programm durchgelaufen und das Geschirr sauber ist. Die Wahrheit ist aber, dass diese Leute, sollten sie überhaupt existieren, wahrscheinlich unter Einwirkung sehr starker Psychopharmaka stehen.

Die wichtigsten Sachen, um den Küchenfrieden zu wahren, habt ihr bereits im Kindergarten gelernt:
1) Nehmt nicht die Sachen der anderen Kinder, 2) Wenn ihr etwas dreckig macht, müsst ihr es wieder sauber machen, 3) Nicht auf den Fußboden machen und – last but not least – 4) immer schön teilen.

Sicher, du kannst den Kühlschrank mit Klebeband in verschiedene Zonen unterteilen und jeden Kassenzettel an die Kühlschranktür kleben, sodass dein Mitbewohner auch auf den ersten Blick sieht, wie viel am gemeinsamen Ketchup tatsächlich ihm gehört. Das kannst du alles gern tun – wer bin ich denn schon (außer vielleicht die Autorin dieses Leitfadens), dir zu sagen, was du tun sollst? Wenn du dich allerdings für diese Methode entscheidest, solltest du dich nicht nur auf Spott und

WAHRE MITBEWOHNER-GESCHICHTEN

Ich habe ein Semester lang in London studiert und mir dort mit fünf Leuten eine Wohnung geteilt. Ich bin in US-amerikanischen Vororten aufgewachsen, wo das Fleisch schön steril in Plastik abgepackt verkauft wird. Daher empfand ich den Fleischstand auf dem Londoner Markt, an dem tote Kaninchen aufgehängt waren, als schon etwas haarsträubend. Eine meiner Mitbewohnerinnen war eine sehr süße, nervenschwache Vegetarierin. Ich beschloss, ihre kleine Welt zu erschüttern, indem ich ihr eines Tages eines dieser knusprigen, ehemals pelzigen Nagetiere vom Markt mit nach Hause brachte. Ich legte das Tier auf den Rücken in das obere Fach des Kühlschranks und platzierte eine Mohrrübe auf seinem Bauch. Ihr Aufschrei beim Anblick meines Werkes war dann auch wie aus einem Horrorfilm. Eigenartigerweise war sie die Einzige, die nach meiner Rückkehr in die Staaten noch mit mir Kontakt hielt.
Jason aus Staten Island, New York State

Verachtung gefasst machen, sondern auch mit dem sehr realen Szenario rechnen, dass du dich schneller nach einem neuen Mitbewohner umsehen musst, als du vielleicht jemals erwartet hättest.

Die exorbitant teure Fertiglasagne aus dem Reformhaus ist eine Sache, aber Gewürze und leicht verderbliche Lebensmittel wie Milch und Eier kann man eigentlich problemlos teilen – und kostengünstiger ist das auch.

Vielleicht solltet ihr sogar erwägen, eine Essenskasse für gemeinsam benutzte oder verputzte Lebensmittel einzurichten – eine Art Nahrungsmittel-Kriegskasse, in die alle Mitbewohner monatlich etwas einzahlen. Normalerweise gleicht sich am Ende alles aus, außer dein Mitbewohner ist so ein Geizkragen, dass er echt nichts bzw. wenig einzahlt. Sollte dem so sein, dann atme tief durch und stell dir die ganze Sache einfach als eine Art „Küchen-Karma" vor: Jede Handlung wird unweigerlich eine Folge haben, ob in diesem oder dem nächsten Leben.

Geschirr ist ein weiterer Stolperstein. Dazu eine einfache Regel: Sämtliches Geschirr, das tagsüber benutzt wird, muss abends von der Person, die es benutzt hat, abgewaschen worden sein. Hört sich jetzt vielleicht unmöglich an, ist aber durchaus machbar. Als „abgewaschen" gilt Geschirr dabei nicht, wenn es einfach in der Spüle abgestellt wurde und noch Essensreste oder Seifenwasser drin herumschwimmen.

GUT GEMEINTE vs. BÖSE GEMEINTE HANDLUNGSOPTIONEN

Der Turm

Die Situation: *Dein Mitbewohner hat wohl seine Hipster-Hornbrille verlegt, weil er ganz offensichtlich den sich seitlich neigenden Turm dreckigen Geschirrs in der Spüle nicht mehr wahrnimmt.*

 Die gut gemeinte Option: Wasche dein eigenes Geschirr ab und informiere ihn höflich darüber, dass sein Teil noch in der Spüle auf ihn wartet. Du kannst ihm auch einen Plan vorschlagen, nachdem einer an den geraden, der andere an den ungeraden Tagen abwäscht.

 **Die böse gemeinte Option:** Du kannst auch das dreckige Geschirr deines Mitbewohners neben sein Bett stellen und dann behaupten, dass du keinerlei Ahnung hättest, wie es dorthin gelangt sei.

Hinweis: Das funktioniert auch prächtig mit Müll.

Giftmüll

Die Situation: *Der Mülleimer quillt über. Es tritt bereits eine klebrige Flüssigkeit aus, die sich in einem kleinen Rinnsal ihren Weg zur Küchentür bahnt. Du hast dieses verwesende Etwas von einem Mülleimer einfach schon zu oft zum Bürgersteig geschleppt. Jetzt ist mal jemand anders dran!*

Die gut gemeinte Option: Lass nicht zu, dass dein Mitbewohner alles auf dich abwälzt. Wenn der Abfall das nächste Mal rausgebracht werden muss, warte auf deinen Mitbewohner und bitte ihn, den Müll mit rauszunehmen, wenn er gerade gehen will. Sollte er es vergessen, ruhig dran erinnern.

 **Die böse gemeinte Option:** Hinterlasse eine Nachricht vom Städtischen Hygieneamt mit folgendem Wortlaut auf eurem Anrufbeantworter oder der Mailbox deines Mitbewohners: „Die Müllmänner werden ab sofort nicht mehr den Müll direkt aus ihrer Küche abholen." Auf keinen Fall dabei die Stimme verstellen!

Wie kannst du das nur essen?

Die Situation: *Das ist ein sehr sensibles Thema – in einer Welt mit immer bewusster lebenden Menschen aber eigentlich ein ganz normales. Deine makrobiotisch-vegan lebende Mitbewohnerin fühlt sich nicht so ganz wohl angesichts einiger deiner Essgewohnheiten. Ganz besonders widerwärtig findet sie deine sonntägliche Frühstückstradition, Schinken zu braten und danach den Bratensaft mit Buttermilchkeksen aufzuditschen. Ihre schwere Erdnussbutter-Allergie hat bereits dafür gesorgt, dass der selbst gemachte Erdnusskrokant deiner Mutter aus der Wohnung verschwinden musste.*

 Die gut gemeinte Option: Wenn du ihre Essgewohnheiten respektierst, sollte sie das Gleiche tun. Lass dir nicht einreden, dass du jetzt auch enthaltsam leben musst, nur weil sie sich für ernährungstechnisch erleuchtet hält. Du solltest allerdings so umsichtig sein und eventuell für sie abstoßende Produkte von ihrem Platz in der Küche, ihrem Geschirr und ihren Utensilien fernhalten. Auf schwere Allergien sollte man in WGs auch Rücksicht nehmen. Pech also für den Erdnusskrokant.

 Die böse gemeinte Option: Platziere Tierkörper (Kleinwild macht sich super), Würste und Fleischstücke irgendwo in der Wohnung, wo deine Mitbewohnerin sie auf jeden Fall finden wird. So härtest du sie gegenüber fleischessenden Personen, wie dir, ab. Du solltest allerdings auf dem Teppich bleiben – ein abgeschnittener Pferdekopf in ihrem Bett wäre etwas zu viel des Guten.

WAHRE MITBEWOHNER-GESCHICHTEN

Zu Unizeiten hat meine Mitbewohnerin eine ziemlich wilde Phase durchgemacht. Sie war so nahezu jede Nacht betrunken. Eines Nachts kam sie mit ihrem Freund nach Hause und konnte offensichtlich ihre Wohnungsschlüssel nicht finden. Also zerschlug sie eine Fensterscheibe und brach praktisch in unsere Wohnung ein. Am nächsten Morgen stellte sie sich dumm und flippte förmlich aus, weil „jemand" in unsere Wohnung eingebrochen sei. Sie brachte mich sogar dazu, die Polizei und unseren Vermieter anzurufen, und gestand die ganze Sache erst, als sie Angst bekam, dass die Blutproben und Fingerabdrücke der Polizei zu ihr führen würden. Eigenartigerweise sind wir immer noch befreundet.

Elizabeth aus Dallas, Texas

Mundraub

Die Situation: *Eigentlich hattest du dir die Reste vom Inder für das morgige Mittagessen aufgehoben. Und wo zum Teufel ist eigentlich das Snack-Paket hin, das du dir vorhin erst gekauft hast? Eigentlich waren noch drei Puddingbecher über! Bedient sich dein Mitbewohner etwa völlig schamlos bei deinem Essen?*

 Die gut gemeinte Option: Frag deine Mitbewohner, ob jemand versehentlich dein Essen mit seinem vertauscht hat. Klar, manchmal verwechselt man schon mal Scheiblettenkäse mit einem Stück echtem *Brie de Meaux*. Bleibt zu hoffen, dass der Langfinger seine Taten gesteht und anbietet, den Schaden wieder gutzumachen.

 Die böse gemeinte Option: Hier kommt ein Klassiker für diese Situationen: Kleine Klebezettel mit deinem Namen – oder, noch besser, einfach nur „MEINS" draufschreiben – auf deine Nahrungsmittel im Kühlschrank kleben. Wenn der Mundraub besonders kaltblütig begangen wurde, kannst du auch deine Initialen auf einzelne Eier stempeln oder mit einem wasserfesten Marker die Füllhöhe deines Orangensafts im Tetrapak markieren. Wenn die Schuldigen an diesem Punkt nicht vor Scham beginnen, ihre eigenen Lebensmittel zu kaufen, dann werden sie es niemals tun.

Bonus: Stickmuster für den Mitbewohner

Nichts lässt einen sich so sehr zu Hause fühlen wie eine Stickerei mit den Worten „Trautes Heim, Glück allein" über dem Küchenherd ... und nichts sagt einem so sehr „Wasch dein eigenes verdammtes Geschirr ab" wie folgendes Stickmuster:

Mama wohnt nicht hier

Haushaltsarbeiten:
Hier ist dein persönliches Glücksrad

BEDIENUNGSANLEITUNG: Schneide das Rad entlang der gestrichelten Linie aus. Stich dann mit einer dieser biegsamen Musterbeutelklammern für Büchersendungen durch die Mitte und achte darauf, dass ein Arm der Klammer als Anzeige nach oben weist. Befestige das Rad dann auf einem Stück Pappe und schreib die Namen der WG-Bewohner in die Felder am Rand des Rads über den Symbolen. Wiederhole dabei die Namen so oft wie nötig, um eine gleichmäßige Verteilung zu erreichen. Dann müsst ihr das Rad wöchentlich in Uhrzeigerrichtung um je eine Haushaltsaufgabe weiterdrehen.

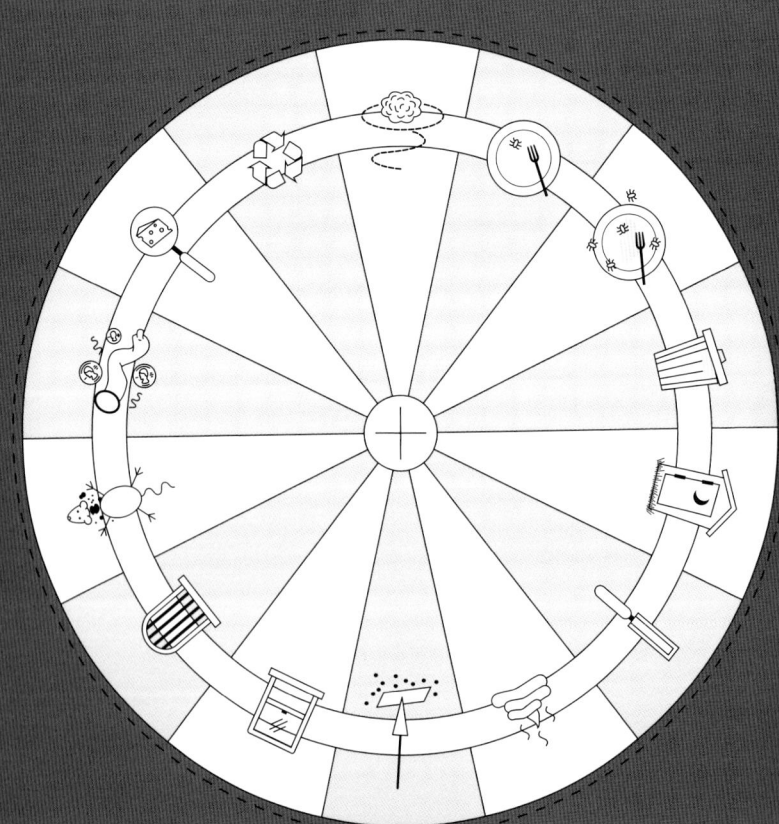

 Staubmäuse jagen

 Staub wischen

 Das Geschirr von letzter Woche

 Fenster putzen

 Das Geschirr von dieser Woche

 Gefangene füttern

 Müll rausbringen (ja, ganz bis zur Mülltonne)

 Mausefalle leeren

 Toilette reinigen und bürsten

 Couch nach verschollenen Objekten absuchen

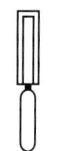 Schimmel- und Moderflecken aus der Wanne/Spüle entfernen

 Quelle für unangenehme Gerüche lokalisieren

 Dein Zeug wegräumen

 Müll trennen

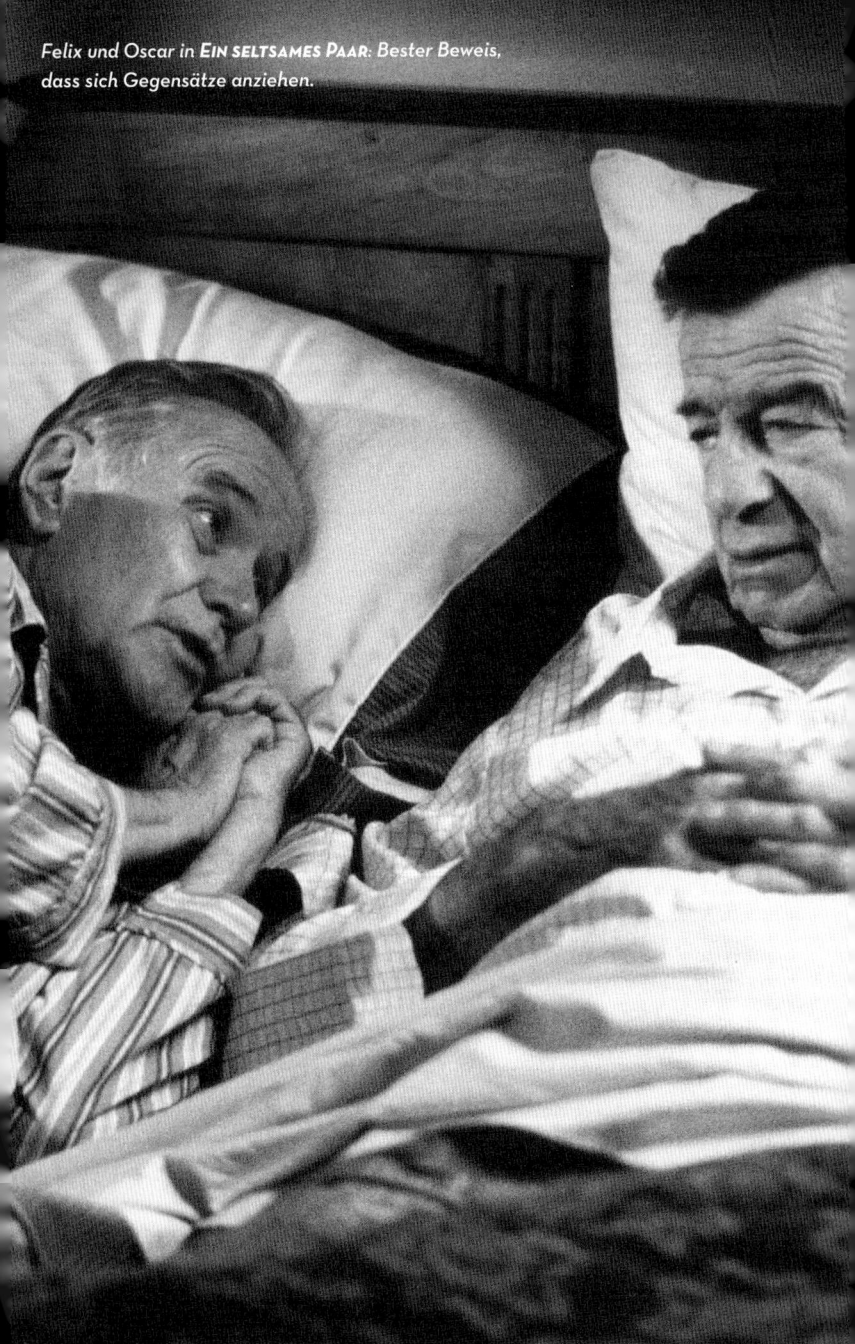

*Felix und Oscar in **EIN SELTSAMES PAAR**: Bester Beweis, dass sich Gegensätze anziehen.*

5
Das eigene Zimmer

Voulez-vous coucher chez moi?

M an sagt ja: „In seinem eigenen Haus ist jeder ein König" (bzw. in der eigenen Wohnung). Wenn du diese Wohnung nun aber teilen musst, dann bist du maximal der König in deinem kleinen Zimmer. Was sagt uns das? Wenn man mit anderen Leuten zusammenwohnt, hat jeder Mitbewohner das Recht auf seinen kleinen privaten Bereich; das kann ein eigenes Zimmer, aber auch nur die Ecke eines Raums sein.

Die Entscheidung, wer welches Zimmer bzw. welche Ecke des Zimmers bekommt, mag vielleicht die erste wirkliche Herausforderung für die Beziehungen in einer neuen WG sein. In einer bereits bestehenden WG gibt es darüber eigentlich kaum Diskussionen, denn der Neuankömmling bekommt natürlich einfach das freie Zimmer zugeteilt. So läuft's nun mal. Wenn aber alle neu in die betreffende Wohnung bzw. das Haus einziehen, ist die Sache etwas verzwickter. Eines sollte aber von Anfang an klargestellt werden: Die Person mit dem größten oder besten Zimmer sollte auch gewillt sein, mehr Miete zu zahlen. Manchmal reicht dieser Mehrbetrag schon aus, um etwaigen Diskussionen aus dem Weg zu gehen. Falls nicht, gibt es ein striktes Protokoll zur Verteilung.

Sollte eine Person vor den anderen einziehen, kann sie sich natürlich ihr Zimmer als Erste aussuchen, sollte den anderen aber zumindest das Angebot machen, die Zimmerverteilung per Münzwurf zu entscheiden. Dabei spielt es keine Rolle, wie aufgesetzt oder gezwungen dieses Höflichkeitsangebot eigentlich ist, es muss einfach gemacht werden. Die anderen können dann diese nette Geste ihres Mitbewohners annehmen oder ablehnen. Wenn die erste Person bereits einen Monat oder sogar einen noch längeren Zeitraum vor den anderen einzieht, dann erfolgt das Angebot einer Losentscheidung aus purem Anstand und sollte keinesfalls von den anderen Mitbewohnern angenommen werden. Wenn allerdings alle am selben Tag einziehen, ist es sinnvoll, die Entscheidung über die Zimmerverteilung per Los oder mithilfe einer Runde Schlammcatchen herbeizuführen, um so größeres Blutvergießen zu vermeiden.

Was sich hinter den Zimmertüren abspielt, ist wieder ein ganz anderes Thema. Ich hatte mal eine Mitbewohnerin, deren Zimmer sogar hartgesottene Typen wie Arnold Schwarzenegger zum Heulen gebracht hätte. Ich bin nach wie vor davon überzeugt, dass unter den enormen Wäschebergen in ihrem Zimmer in Wirklichkeit Flüchtlinge lebten. Solange sie diese Naturkatastrophe aber auf ihr Zimmer begrenzte, hatte ich keinerlei Probleme mit der Situation. Es war schließlich ihr Zimmer, nicht meins, und solange keine giftigen Dämpfe in unseren gemeinsamen Flur vordrangen, lag es auch nicht an mir, ihr zu erklären, wozu man diese kleinen verrückten Drahtdinger im Schrank benutzt.

In einer gemeinsamen Wohnung ist dein eigenes Zimmer wie dein Heimathafen. Es sollte ein Ort der Privatsphäre sein, sicher vor unerwünschten Außeneinflüssen, und, wenn man so will, auch ein Ort, an

dem du völlig allein sein kannst. Merke: Wenn dein Mitbewohner seine Zimmertür schließt, signalisiert er damit, dass er allein sein will. Du hast natürlich das gleiche Recht. Das liegt völlig im Bereich eines normalen WG-Verhaltens. Auf der anderen Seite ist es aber auch so, dass ein Abschließen und Verriegeln deiner Zimmertür zwar deine Habseligkeiten schützen und deine Ungestörtheit garantieren mag, aber Freunde wirst du dir mit diesem Verhalten bestimmt nicht machen.

WAHRE MITBEWOHNER-GESCHICHTEN

Margaret war die beste Mitbewohnerin aller Zeiten und ist neben meinem Ehemann der einzige Mensch, mit dem ich jemals „erfolgreich" zusammengelebt habe. Es gibt viele nette Anekdoten, aber eine eignet sich ganz besonders, um unsere Beziehung zu beschreiben: Marge wurde irgendwann krank und bekam ständig diese Anfälle. Es war schrecklich. Nachdem wir das fünfte Mal in der Notaufnahme gewesen waren, wurde sie schließlich stationär aufgenommen. In ihrem Krankenhauszimmer lag eine alte Frau, die unentwegt stöhnte. Marge ängstigte sich zu Tode und so machten wir das dritte Bett im Zimmer zurecht, und ich schlief die Nacht neben ihr im Krankenhaus, sodass sie nicht allein sein musste. Über unsere ganze WG-Zeit hinweg, hob ich Kopien ihrer Versicherungsunterlagen auf, man kann ja nie wissen … und dieses Jahr werde ich die Brautjungfer auf ihrer Hochzeit sein. *Tappan aus San Francisco, Kalifornien*

Jeder zieht seine Grenzen ganz individuell, wenn es darum geht, andere Leute in seinen Privatbereich hineinschnuppern zu lassen. Das ist eine Sache, die man im Laufe des WG-Lebens austesten muss, da die Befindlichkeiten bei diesem Thema sehr stark variieren können. Ich zum Beispiel habe kein Problem damit, wenn mein Mitbewohner es sich in meinem Bett bequem macht. Meinetwegen kann er es sogar wochenlang in bester Hausbesetzer-Manier okkupieren. Absolut tabu ist allerdings mein Schreibtisch. Dort bewahre ich nämlich meine dunklen Geheimnisse auf. Deshalb gibt es in diesem Bereich für mich weder Diskussionen noch Pardon.

Bei dem einen Mitbewohner kann es dir durchaus passieren, dass du nur selten, vielleicht sogar niemals in sein Zimmer vordringen wirst. Bei den anderen wird genau das Gegenteil passieren … fast so, als wäre sein Zimmer gleich dein Zimmer. Anfangs gilt es, vorsichtig vorzugehen und Fettnäpfchen zu vermeiden – fläze dich also nicht gleich beim ersten Mal auf die handgestrickte Decke von seiner Oma. Auch wenn die Tür offen ist, solltest du vor dem Eintreten anklopfen, gerade am Anfang. Achte darauf, wie dein Mitbewohner auf deine Anwesenheit in seinem privaten Bereich reagiert und ob er dich in sein Zimmer bittet.

Die wichtigste Regel bei diesem Thema lautet, die Privatsphäre des Mitbewohners zu respektieren und darauf zu vertrauen, dass er umgekehrt diese auch dir zugesteht.

GUT GEMEINTE vs. BÖSE GEMEINTE HANDLUNGSOPTIONEN

Größeres Zimmer = höhere Miete

Die Situation: *Du hast endlich die perfekte Zweizimmerwohnung für eure WG gefunden – wenn man denn den fensterlosen Wäscheschrank, in dem du wohnen wirst, als „Zimmer" bezeichnen möchte. Wie erklärst du deiner Mitbewohnerin, dass sie einen höheren Mietanteil für die von ihr bewohnte Luxus-Suite mit Lesenische bezahlen soll?*

 Die gut gemeinte Option: Besprich mit deiner Mitbewohnerin am Anfang – und zwar bevor ihr irgendetwas unterschreibt – die Quadratmetergröße und die jeweilige Attraktivität der einzelnen Räume. Wenn nötig, kannst du das auch mit Bandmaß und Taschenrechner nachprüfen (mehr dazu gleich). Frage sie dann, wie sie die Miete aufteilen würde, und stütze deine Argumentation bei diesem Gespräch auf die ermittelte Zimmergröße.

 Die böse gemeinte Option: Besorg dir so eine Preisschildpistole aus dem Supermarkt, stell die Quadratmetermiete eurer Wohnung ein und klebe auf jeden Quadratmeter im Zimmer deiner Mitbewohnerin ein Preisschild (Klimaanlage und Fenster kosten extra!). Da sie ein Zimmer mit Fenstern hat, kannst du außerdem darauf bestehen, dass sie dienstags eine Augenbinde trägt, damit sie weiß, wie sich das Leben in deinem Zimmer anfühlt.

Für die Rechnerei habe ich dir ein Beispiel vorbereitet, weil ich halt supernett bin und Mathe superschwer ist:

Gehen wir von einer Wohnung mit je einem Zimmer für zwei Mitbewohner aus. Ein Zimmer ist 10 m² groß, das andere 20 m², und ihr bezahlt eine Gesamtmiete von 1.000 € (wegen der schönen Aussicht). Die Hälfte der Miete wird für die gemeinsam benutzten Räume bezahlt, sodass jeder von euch 250 € für Gemeinschaftszimmer und Küche bezahlt. Die andere Hälfte wird je nach Zimmergröße aufgeteilt. Das größere Zimmer nimmt praktisch 2/3 der Wohnung nach Abzug der gemeinsam genutzten Fläche ein. Also bezahlt der betreffende Nutzer 333,33 € für sein Zimmer und kommt auf eine Gesamtmiete von 583,33 €. Der mit dem kleinere Zimmer zahlt 166,66 € und hat eine Gesamtmiete von 416,66 €. Wenn jetzt der fehlende Cent zwischen 999,99 € und 1000,00 € ein unüberwindliches Problem für euch darstellt, dann habt ihr gewaltige Probleme, bei denen ich euch auch nicht weiterhelfen kann.

Die Anschleichproblematik

Die Situation: *Deine neue Mitbewohnerin taucht immer wieder völlig lautlos und unangekündigt an deiner Zimmertür auf. Böse Zungen würden sagen, sie schleicht sich an wie eines dieser untoten Monsterkinder aus einem Horrorfilm.*

 Die gut gemeinte Option: Schließe deine Zimmertür, um anzuzeigen, dass du allein sein willst. Teile deiner Mitbewohnerin mit, was du gerade machst – schlafen, lernen, Schweinskram –, so weiß sie, dass du gerade eine Auszeit hast. Wenn sie das nächste Mal vergisst anzuklopfen, dann tu ganz überrascht und erschrocken und sag so etwas wie: „Uff, sorry, aber ich habe dich gar nicht anklopfen hören."

Die böse gemeinte Option: Tackere etwas von diesem rot-weißen Polizei-Absperrband quer über deinen Türrahmen. Toll wirkt auch so gelbes Absperrband aus den USA mit dem Aufdruck: „Police Line Do Not Cross". Wenn du darauf angesprochen wirst, dann behaupte einfach, dass das ein neuer Deko-Trend namens „CSI-Schick" wäre. Alternativ dazu kannst du auch einen Stapel Bücher (oder einen Eimer voller Hämmer) auf den Türrahmen stellen, sodass diese dem Eindringling ohne Manieren beim Betreten deines Zimmers auf den Kopf fallen. Entschuldige dich dann einfach damit, dass du halt ein Messie bist.

Wenn diese Wände reden könnten

Die Situation: *Die sehr leidenschaftliche Freundin deines Mitbewohners ist beim Sex lauter als ein Güterzug.*

Die gut gemeinte Option: Erinnere deinen Mitbewohner in ruhigem Ton daran, dass die Wände in eurer Wohnung sehr dünn sind, und schlag ihm höflich vor, seine Liebesaktivitäten dann auszuüben, wenn er und seine Freundin allein in der Wohnung sind.

Die böse gemeinte Option: Leg einen Damenslip in das Bett deines Mitbewohners, sodass seine Sexi-Hexi-Freundin ihn auch garantiert findet. Der dadurch provozierte Aufschrei dürfte dann auch ihr letzter gewesen sein ... zumindest in deiner WG.

WAHRE MITBEWOHNER-GESCHICHTEN

Mein Freund und ich wohnten mal mit einem Mädchen zusammen, das darauf bestand, neben dem größten Zimmer auch das größere der beiden Badezimmer in der Wohnung zu bekommen. Ihr Bad war dreimal so groß wie das unsere, und sie war sogar bereit, einen höheren Mietanteil zu bezahlen als wir – immerhin 580 EURO statt unserer 560 EURO. Wenn mein Freund und ich zugleich zum Zähneputzen in unser Mini-Bad gingen, musste sich einer auf die Toilette setzen oder in der Dusche stehen, während der andere am Waschbecken stand. Zuerst war das auch vollkommen okay für uns, da sie vor dem Einzug so ein Theater deswegen veranstaltet hatte ... sie heulte meinem Freund was vor und brachte ihre Eltern dazu, unsere anzurufen und sich zu beschweren. Als sie dann aber mal nicht da war, schlichen wir uns heimlich in ihr Zimmer und zählten die Möbelstücke, die da alle reinpassten. Von da an sank unsere Stimmung in den Keller, und wir wurden immer unfreundlicher zu ihr.
Jean aus Charleston, South Carolina

„Schlemiel! Schlimazl! Hasenpfeffer Incorporated!" *Laverne und Shirley* **bildeten in der gleichnamigen US-Retro-Serie eine ganz besondere Wohngemeinschaft.**

6

Die Sachen in deinem Schrank

···

In einer WG gibt es kein „Mein" und „Dein", nur „Unser"...

Wenn man mit anderen Leuten zusammenzieht, so bringen die nicht nur Geselligkeit und einen Teil der Miete mit in die gemeinsame Wohnung ein, sondern auch eine ganze Menge anderen Krempel: Möbel, Geschirr, Klamotten, Sportgeräte, Computer, Musikanlagen, Autos, Fahrräder und so weiter und so fort. Frag einfach mal eine Frau, warum sie in einer WG wohnt, und als einen der drei Hauptgründe dafür wird sie nennen, dass sie so ihren Kleiderschrank locker verdoppeln kann.

Es gehört auch zum WG-Leben, zu lernen, wie man teilt ... (oder einfach seine Finger von den Sachen anderer lässt, weil ein Kleiderschrank sonst noch mehr Probleme „outen" kann als kleinwüchsige Schauspieler mittleren Alters, deren Namen an dieser Stelle auf Anraten meiner Anwälte nicht genannt werden sollen). Einige Dinge, besonders im Gemeinschaftsraum und in der Küche, bieten sich geradezu zur gemeinsamen Benutzung an: Couches, Fernseher, Töpfe und Pfannen. Andere hingegen verbieten sich fast von selbst, es sei denn, dein Mitbewohner ist extrem, also so richtig extreeeeem offen: Betten, Unterwäsche, Zahnbürsten etc.

Kostenintensive und/oder Dinge, die mit großer Verantwortung verbunden sind, wie Autos, Boote, Motorräder und Medikamente sind ohne die ausdrückliche Genehmigung der anderen Person absolut tabu. Vorsicht mit Sätzen wie „Was er nicht weiß, macht ihn nicht heiß". Schneller als du denkst, brabbelst du diesen Satz für alle Ewigkeit wie in einer Endlosschleife vor dich hin. Nämlich dann, wenn du auf Jahre hinaus pleite bist, weil du den Range Rover deines Mitbewohners auf einer nicht von ihm genehmigten Spritztour zu McDonalds geschrottet hast. In Sachen Medikamente gibt es unzählige Gründe, warum Leute ihre verschreibungspflichtigen Pillen nicht gern preis- bzw. herausgeben. Zu den wichtigsten zählen die hohen Kosten, der begrenzte Nachschub, die Verantwortung im Fall von unerwünschten Nebenwirkungen und natürlich die moralischen Skrupel, deine Drogenabhängigkeit zu fördern, etc.

Nur die Coolsten der absolut Coolen erlauben dir, ihr Medizinschränkchen zu plündern oder frei über ihr Auto zu verfügen, und nur die Verrücktesten der Verrückten erlauben dir, beides zur gleichen Zeit zu tun.

Es kann aber auch sein, dass einige Gegenstände mit zunehmendem Vertrauen, vom persönlichen in den gemeinschaftlichen Besitz wechseln, frei nach dem Motto: „Ich borge dir aber meine Manolos erst, wenn du mir bewiesen hast, dass du selbst sternhagelvoll und auf allen vieren kriechend die Absätze deiner Schuhe nicht abbrichst!"

Wie in anderen Bereichen auch, gibt es auch hier bestimmte Grundregeln. Sicher, das brennende Verlangen, einfach alle Umgangsformen außen vor zu lassen und sofort die Einkaufstaschen deiner Mitbewohnerin zu durchwühlen, um zu sehen, was sie gekauft hat – soll heißen, was du dir borgen kannst, ist manchmal nahezu unkontrollierbar. (Tests an Rhesusaffen haben aber bewiesen, dass in diesem Fall Elektroschocks Wirkung zeigen!) Also, hab etwas Anstand, verdammt! Der Schrank deiner Mitbewohnerin ist wie ein Tempel, und bevor du ihren Tempel entweihst und plünderst, solltest du eine stabile und vertrauensvolle Beziehung zu ihr aufgebaut haben.

Die wichtigste aller Grundregeln zum Thema „nicht dein Schrank" lautet: Immer erst fragen, selbst wenn eine Einladung offen ausgesprochen wurde. Sicher hatte ich dir gesagt, dass du dir das blaue Kleid mit den Spaghettiträgern jederzeit ausleihen könntest … aber wenn ich es morgen zu einer Hochzeitsfeier anziehen wollte und es absolut faltig und zerknittert auf deinem Zimmerboden wiederfände, wäre ich ziemlich angepisst. Das bringt uns zur zweiten Regel: Achte auf die Sachen,

die du dir ausleihst, und gib sie immer so zurück, wie du sie erhalten hast. Wenn du etwas kaputt machst, ersetzt du es. Wenn du etwas dreckig machst, reinigst du es. Es ist eigentlich ganz einfach. Denk immer daran: Zwischen Borgen und Stehlen ist ein schmaler Grad.

GUT GEMEINTE vs. BÖSE GEMEINTE HANDLUNGSOPTIONEN

Was meins ist, ist meins

Die Situation: *Deine neue Mitbewohnerin will sich etwas von dir ausleihen, das du – wenn überhaupt – nur sehr ungern weggibst, du willst aber nicht unhöflich zu ihr sein.*

 Die gut gemeinte Option: Fass dir ein Herz und sag „nein", auch wenn es schwierig ist.

 Die böse gemeinte Option: Erzähl ihr einfach, dass du es gerade gereinigt hast, dass du es selbst gerade anziehen wolltest, dass du es noch nie vorher getragen hast und es eigentlich ein Geschenk deiner verstorbenen Großmutter ist.

Der Schmarotzer

Die Situation: *Du könntest auf die Bibel schwören, dass deine Videospiele in alphabetischer Reihenfolge dastanden, als du das letzte Mal gespielt hast. Außerdem ist es doch sehr merkwürdig, dass sich in deiner Jackentasche eine abgerissene Eintrittskarte für einen Film befindet, den du nie gesehen hast. Dein Mitbewohner schuldet dir also einige Erklärungen ...*

 **Die gut gemeinte Option:** Mach ihm in ruhigem Ton klar, dass du ihm sehr gern Sachen ausleihst, es aber lieber sehen würdest, wenn er dich vorher fragt.

 **Die böse gemeinte Option:** Nimm dir ein paar Zettel, male ein paar Augen drauf und schreibe darunter: „Ich beobachte dich!" Stecke dann diese Zettel zwischen deine Sachen, die er unerlaubt benutzt. Wenn er dich darauf anspricht, belastet er sich nur selbst. So oder so wird ihn die ganze Sache so erschrecken, dass er das nächste Mal fragt, bevor er etwas „ausleiht".

Das Andere-ja-aber-ich-nein-Syndrom

Die Situation: *Da du eine ausgeglichene und großzügige Person bist, hast du deiner Mitbewohnerin deinen gesamten Kleiderschrank zur Verfügung gestellt. Wenn sie dir dann aber den gleichen Gefallen tun soll, bekommt sie auf einmal Angst, dass du ihre Sachen verlierst, beschmutzt oder gar ausleierst.*

 Die gut gemeinte Option: Erinnere sie freundlich an all die Sachen, die sie sich von dir geliehen hat, und wenn sie dann immer noch rumzickt, musst du lernen auch „nein" zu sagen.

 **Die böse gemeinte Option:** Leg eine CD mit dem Song „You are a mean one, Mr. Grinch" ein, stell die Anlage schön laut und auf Repeat. Je länger das Weihnachtsfest entfernt ist, desto effektiver kommt deine Botschaft an.

Wenn du was kaputt machst, ersetzt du es

Die Situation: *Deine Mitbewohnerin bringt nichts weiter als ein kleinlautes „Sorry" raus, als sie dir dein brandneues weißes Shirt wiedergibt und du die reizenden gelben Schwitzflecken unter den Ärmeln entdeckst.*

 Die gut gemeinte Option: Sag ihr, dass sie das Shirt behalten kann, und nenn ihr den Namen des Ladens, in dem sie dir ein neues kaufen soll.

 **Die böse gemeinte Option:** Sag ihr, dass du einsiehst, dass es ein Versehen, war. Dann solltest du ihr bei ihrem Problem helfen, indem du Lüftungsöffnungen in ihr rosafarbenes Lieblings-Top schneidest. Auge um Auge, Zahn um Zahn, Biiiiiiitch!

Das Ausleih-Diagramm

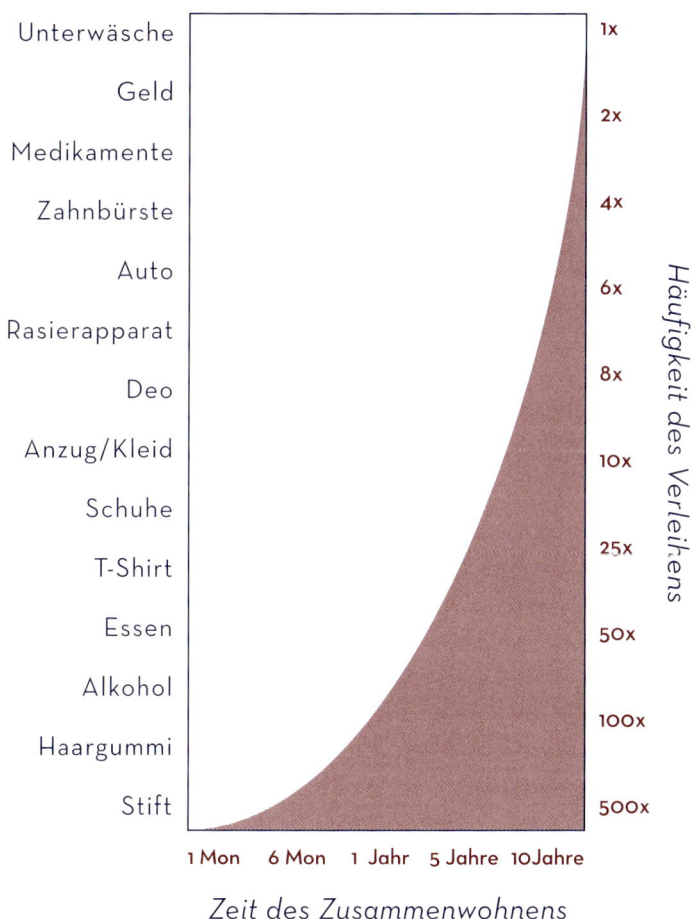

Unterwäsche — 1x
Geld — 2x
Medikamente — 4x
Zahnbürste — 6x
Auto — 8x
Rasierapparat — 10x
Deo — 25x
Anzug/Kleid — 50x
Schuhe — 100x
T-Shirt — 500x
Essen
Alkohol
Haargummi
Stift

Häufigkeit des Verleihens

1 Mon   6 Mon   1 Jahr   5 Jahre   10 Jahre

Zeit des Zusammenwohnens

Mitbewohner für 5 Staffeln, aber **FRIENDS**
für immer: Joey und Chandler.

7

Das Gemeinschaftszimmer

Hier spielt die Musik

Im US-amerikanischen Sprachraum sagen wir zum Wohnzimmer auch oft „Familienzimmer". Es kann mitunter ganz vorteilhaft sein, wenn man seine Mitbewohner als eine Art zweite Familie ansieht. Aber selbst wenn du dich lieber bei lebendigem Leib von fliegenden Affen fressen lassen würdest, als mit deinem Mitbewohner verwandt zu sein, so sollte das Gemeinschaftszimmer doch ein Ort des Konsenses und der häuslichen Harmonie (wenn nicht sogar der Glückseligkeit) sein.

Egal, ob du es Wohnzimmer, Stube oder Familienzimmer nennst, wenn du mit anderen Menschen in einer WG zusammenwohnst, kann es gut sein, dass ihr nur dieses eine Zimmer habt, um gemeinsam abzuhängen. Dieser Raum ist im Gegensatz zu den Einzelzimmern und eventuell getrennten Bädern ein Gemeinschaftsbereich und sollte als solcher behandelt werden. Lass also nicht überall dein Zeug rumliegen, blockiere nicht die Fernbedienung, mach keinen Quatsch oder gar Schweinerein auf der Couch – besonders nicht, wenn andere Personen anwesend sind, da das komischerweise die Unterhaltung selbiger zu einem bizarren Ereignis werden lässt.

Außerdem empfiehlt es sich, eine Bandprobe im Gemeinschafts-raum nicht für 2:00 Uhr *nachts* anzusetzen, wenn dein Mitbewohner am nächsten Tag eine Präsentation mit dem Geschäftsführer seines Unternehmens hat. (Ähnlichkeiten mit lebenden Personen und realen Handlungen sind rein zufällig. Wirklich, dieser kleine Einwurf ist rein hypothetischer Natur und bezieht sich in keiner Weise auf meinen ehe-maligen Mitbewohner ~~Richard Prey~~.)

Da es sich um einen Gemeinschaftsraum handelt, sollten alle Anwe-senden in diesem Zimmer die Möglichkeit haben, Verbindung aufzuneh-men ... ich meine natürlich nicht mit den Toten, sondern untereinander und mit den Gästen. Es ist ein neutraler Bereich, eine Zone, in der Waffenstillstand herrscht – und die sauber gehalten, bequem einge-richtet und einladend genug sein sollte, sodass sich andere Personen gerne setzen und eine Zeit verweilen (allerdings nicht zu lange, wie ich im nächsten Kapitel erläutern werde).

Leider ist es in der Realität so, dass die Arbeitszeiten von WG-Bewohnern nicht immer übereinstimmen und die Geschmäcker sehr verschieden sind. Daraus muss sich nicht unbedingt ein Problem zwischen Mitbewohnern entwickeln, aber es erfordert unter Umständen etwas Reife von dir. Mochtest du als Kind die gleichen Filme wie dein 12-jähriger Bruder? Wohl eher nicht. Trotzdem habt ihr zusammengelebt und sprecht heute noch miteinander, oder? Ach, ihr sprecht nicht mehr miteinander? Das tut mir jetzt aber leid, dass ich das angesprochen habe ... Er war bestimmt ein ungezogenes Monster – aber du verstehst ja in etwa, worauf ich hinauswill. Um mit seinen Mitbewohnern auszu-kommen, ist ein ständiges Geben und Nehmen angesagt: Ich gebe dir die Fernbedienung für *Gilmore Girls* – du gibst sie mir wieder für *Big*

Brother 15. So merket, meine Schüler: Die ganze Welt funktioniert nur auf der Basis von Kompromissen.

GUT GEMEINTE vs. BÖSE GEMEINTE HANDLUNGSOPTIONEN

Deko-Differenzen

Die Situation: *Dein Mitbewohner besteht darauf, sein Malen-nach-Zahlen-Poster von David Hasselhoff über der Couch aufzuhängen. Obwohl du nichts dagegen hast und David verehrst, wie alle andern auch, beißt sich das Poster deiner Meinung nach mit dem Muster der kürzlich von dir besorgten Sesselgarnitur.*

Die gut gemeinte Option: Wenn dir die Deko sehr wichtig ist, dann sprich das gleich am Anfang an und mach deine Einwände deutlich. Frage deinen Mitbewohner freundlich, ob es nicht ein anderes Dekostück gäbe, das er anstelle des guten Mitch aus *Baywatch* im Gemeinschaftszimmer unterbringen möchte. Im Gegenzug kannst du ihm anbieten, ein Veto gegen einen deiner Dekorationsgegenstände einlegen zu können.

Die böse gemeinte Option: Erklär deinem Mitbewohner, dass du der Meinung bist, dass die Qualität des Kunstwerks im schlechten Licht des Gemeinschaftsraums nicht voll zur Geltung kommt, du aber den perfekten Platz weißt – nämlich über der Waschmaschine bzw. dem Trockner.

Die Widerwärtige

Die Situation: *Deine Mitbewohnerin hat angefangen, den Gemeinschaftsraum für einen Teil ihres Schranks zu halten. Ihr Zeug liegt überall rum, und du kannst dich noch nicht einmal auf die Couch fläzen, ohne dich dabei in ihren Wäschebergen wiederzufinden.*

Die gut gemeinte Option: Nimm einfach ihr Zeug und leg es in ihr Zimmer.

Die böse gemeinte Option: Nimm ihr Zeug und wirf es in den Mülleimer.

Nachteulen = schlechte Mitbewohner

Die Situation: *Deine Mitbewohnerin ist eine Nachteule, und du bist ein Frühaufsteher. So weit, so gut. Allerdings bringt dich ihre Vorliebe für nächtliche Werbesendungen um den Schlaf. Du freust dich natürlich auch, dass Heidi Klum diese Katjes-Dinger so lecker findet und dabei kein Gramm Fett zunimmt, aber um 3.00 Uhr morgens willst du eigentlich nichts davon hören.*

Die gut gemeinte Option: Sie ist sich wahrscheinlich noch nicht mal dessen bewusst, dass sie laut ist, und vielleicht hat es ja auch mit deinem leichten Schlaf zu tun, auf jeden Fall solltest du sie bitten, die Lautstärke etwas runterzudrehen.

Die böse gemeinte Option: Mach morgens so viel Lärm, wie du nur irgend kannst. Verlege alle Besuche, Termine, Lieferungen und Anrufe auf die frühen Morgenstunden. Quassel laut an der Tür mit dem Zeitungsausträger; dabei ist egal, ob du dich nun wirklich für den Gesundheitszustand seines Opas interessierst oder nicht. Vielleicht solltest du dir auch so eine fies laute Kaffeemühle anschaffen, bei der auch der beste Schläfer in Sekundenschnelle senkrecht im Bett steht.

Das Rennen um die Fernbedienung

Die Situation: *Starten Sie Ihre Motoren, Gentlemen, denn das Rennen um die Fernbedienung beginnt in wenigen Sekunden! L.C. und Heide von The Hills befinden sich gerade mitten im größten Streit aller Zeiten … dein Mitbewohner will aber ausgerechnet jetzt das Champions-League-Finale schauen und interessiert sich überhaupt nicht dafür, dass du deshalb morgen von all den Blogs zu The Hills nur Bahnhof verstehen wirst.*

 Die gut gemeinte Option: Digitale Videorekorder sind die beste Erfindung seit den schalldichten Wänden. Wenn du allerdings in Sachen Heimelektronik im 20. Jahrhundert hängen geblieben bist, dann kannst du einen TV-Zeitplan einrichten, auf dem ihr eure Muss-ich-unbedingt-sehen-Sendungen eintragen könnt. Sollte es zu Überschneidungen kommen, kann man eine Münze werfen, oder einer von euch lässt sich einen Anschluss in sein Zimmer legen.

 Die böse gemeinte Option: Die Lösung ist so einfach, dass selbst ein Höhlenmensch draufkommen würde: Versteck einfach die Fernbedienung!

Party on, Wayne!

Die Situation: *Du hast ca. 20 deiner engsten Freunde zu einer nächtlichen Party in eure WG eingeladen. Allerdings war dir nicht klar, dass sie euren Gemeinschaftsraum in das Coyote Ugly verwandeln würden. Als du morgens aus deinem Zimmer krabbelst, um dir einen Überblick über das Ausmaß der Katastrophe zu verschaffen, stellst du fest, dass eure Wohnung ganz und gar verwüstet ist und dein Mitbewohner alles andere als erfreut dreinschaut.*

 Die gut gemeinte Option: Fang, sobald es geht, mit dem Aufräumen des Chaos an, d. h.: wenn du physisch dazu in der Lage bist. Vergiss nicht, nebenbei immer wieder um Entschuldigung zu winseln. Im schlimmsten Fall hat dein Mitbewohner schon mit dem Aufräumen angefangen bzw. ist bereits damit fertig. Dann heißt es, einschleimen, einschleimen und noch mal einschleimen.

Die böse gemeinte Option: Leugne deine Beteiligung an der ganzen Sache und behaupte, du wärst das Opfer einer marodierenden Bande von gesetzlosen Burschenschaftlern geworden. Eine Anzeige gegen unbekannt bei der Polizei zeigt, dass du das voll ernst meinst. Murmle dann fortwährend, wie enttäuscht du von der Jugend heutzutage bist, während du beim Aufräumen hilfst.

WAHRE MITBEWOHNER-GESCHICHTEN

Mein Mitbewohner lebt mehr oder weniger auf unserer Couch. Wenn ich zu einer beliebigen Uhrzeit von meiner Arbeitsstelle kurz in unsere WG sprinte, sitzt er dort am Computer. Wenn ich dann ein paar Stunden später nach Hause komme, sitzt er immer noch da. In diesem Moment, in dem ich diese Zeilen schreibe, schaut er bereits seit vier Stunden durchgängig *Weeds – Kleine Deals unter Nachbarn*, und es ist Donnerstagnachmittag. Einmal hab ich ihn gebeten aufzustehen, um zu überprüfen, ob sein Körper nicht doch schon mit der Couch zusammen-mengewachsen ist. Dabei hat er seine Bong umgeworfen. Als er das dann sauber machte fiel mir auf, dass es das erste und einzige Mal war, dass er überhaupt irgendwas in unserer Wohnung sauber gemacht hat.
John aus Richmond, Virgina

Zwischen Jack, Janet und Chrissy gab es in
HERZBUBE MIT ZWEI DAMEN (fast) kein Techtelmechtel.

8

Noch mehr Minenfelder

So kann die WG gedeihen oder
sich entzweien

Selbst wenn du dein eigenes Bad, einen eigenen Mini-Kühlschrank und nichts Ausleihenswertes hast, nur Wegwerfgeschirr benutzt, dich in deinem Zimmer einschließt und ausschließlich in Cafés abhängst, gibt es immer noch ein paar explosive Themen, über die du und dein Mitbewohner stolpern könnt.

Vorsicht bei den Rechnungen

Um es einfach auszudrücken: Rechnungen sind 'ne richtig fiese Kiste. Sie sind nun aber mal eine Tatsache, und obwohl es verlockend erscheinen mag, kann man sie nicht einfach in den Müll werfen, verbrennen, vergraben, im Klo runterspülen oder sie auf andere Art einfach den Naturgewalten überlassen. Glaubt mir, ich hab alles ausprobiert und rein gar nichts Gutes damit erlebt.

Wenn du mit anderen Leuten in einer WG zusammenwohnst, ist der erfreuliche Aspekt an diesem Problem, dass sich alle an den Rechnungen beteiligen müssen. Es scheint eigentlich eine ganz einfache, klar verständliche Angelegenheit zu sein, aber es kann auch den Niedergang einer sonst sehr harmonischen WG einleiten.

Im Gegensatz zur Miete werden Rechnungen fast immer zu gleichen Teilen von allen Mitbewohnern getragen. Es gibt nur zwei Ausnahmen: Wenn jemand eine bestimmte Dienstleistung nicht in Anspruch nimmt, dann sollte er sie auch nicht bezahlen müssen. Wenn du aber nicht gerade aus einer Amisch-Gemeinde kommst, ist es eher selten, dass jemand auf Gas, Elektrizität, Wasser o. Ä. verzichtet. Es gibt aber auch den Fall, dass ein Mitbewohner beschließt, keine Unterhaltungs- oder Kommunikationsdienste wie Kabelfernsehen, Internet oder Festnetztelefon in Anspruch zu nehmen. Wenn ein Mitbewohner sich so entscheidet, dann sollte aber klar sein, dass der-/diejenige sich komplett und dauerhaft gegen die Nutzung dieser Dienste entschieden hat. Eine unerlaubte Benutzung selbiger kann und sollte dann auch entsprechend geahndet werden.

Die zweite Ausnahme betrifft die Instandhaltungskosten bei WGs in Häusern, die einem der Mitbewohner gehören. Eigentlich sollte man nicht von einem WG-Bewohner erwarten, dass er in das Haus bzw. das Grundstück des Eigentümers investiert. Wenn du dich also an den Kosten für ein Fassaden-Lifting, Tüncharbeiten oder für die „Feng-Shuisierung" des Hauses deines Mitbewohners beteiligst, bist du ein Trottel und verdienst es nicht anders.

Die eigentliche Bezahlung der Rechnungen ist dann noch mal eine Geschichte für sich. Es ist meistens so, dass es einfacher ist, eine Jungfrau in Las Vegas aufzutreiben, als alle Mitbewohner mit ihren ausgefüllten Überweisungen bzw. dem entsprechenden Betrag in bar am Fälligkeitsdatum zusammenzubringen. Am besten vereinbart ihr einen festen Tag im Monat, an dem Rechnungen bezahlt werden – an diesem Tag sollten dann auch alle WG-Bewohner bzw. ihre ausgefüllten Überweisungen, Bargeld, Schecks etc. da sein. Der erste, zweite oder dritte Sonntagabend im Monat funktioniert eigentlich immer ganz gut.

Außerdem solltest du es so einrichten, dass die Rechnungen an euch alle gerichtet sind, sodass jeder von euch Änderungen vornehmen und Zahlungen durchführen kann. Wenn es dann doch mal ein „Problem" geben sollte, vermeidet ihr auf diese Weise auch, dass eine Person allein im Regen steht.

WOHLÜBERLEGT vs. BÖSE GEMEINTE HANDLUNGSOPTIONEN

Wer zu spät kommt, den bestraft das Leben

Die Situation: *Deine Mitbewohnerin ist, wieder mal, spät dran mit der Bezahlung ihres Anteils der Rechnungen.*

 Die gut gemeinte Option: Erkläre ihr ruhig und einige Tage vor dem Fälligkeitsdatum, dass es eigentlich keine Entschuldigung dafür gibt, die Bezahlung von WG-Rechnungen einfach auszusetzen. Wenn sie finanzielle Schwierigkeiten hat, so muss sie diesbezüglich Ansagen machen und nach einer Lösung suchen. Du bist vielleicht ein guter Freund, aber auf keinen Fall eine Bank.

 Die böse gemeinte Option: Melde sie bei der Schufa!

Schmarotzer? Ja, hier!

Die Situation: *Dein knauseriger Mitbewohner hat beschlossen, er braucht keinen Festnetzanschluss, will die Nummer aber an 50 seiner besten und engsten Freunde weitergeben für „Notfälle". Derartige Notfälle treten ein, wenn er die Freiminuten von seinem Handyvertrag vertelefoniert hat und dann doch mal das Festnetz benutzen muss, um Bescheid zu sagen, dass der andere ihn zurückrufen soll. Aber keine Angst, das ist ja nur die absolute Ausnahme, ein klitzekleiner und superkurzer Anruf …*

 Die gut gemeinte Option: Erkläre deinem Mitbewohner, dass er sich an der Rechnung beteiligen muss, wenn er das Festnetz benutzen will – selbst, wenn es nur für seine „Notfälle" ist. Das bedeutet nicht, dass du ein herzloser Bastard bist – du lässt dich halt nur nicht wie einen Fußabtreter behandeln.

 Die böse gemeinte Option: Lass deinen Mitbewohner ruhig die Nummer an seine Freunde verteilen, und wenn dann Leute anrufen sollten, denkst du dir einfach Gründe aus, warum er gerade nicht ans Telefon kommen kann: „Oh, das hast du noch nicht gehört? Es hört sich im ersten Moment etwas krass an, aber Eddie wird dich erst zurückrufen können, wenn er die Entziehungskur hinter sich gebracht hat."

Nicht auf meine Kosten

Die Situation: *Alle WG-Bewohner wollen eine Putzfrau anstellen. Eine eurer Mitbewohnerinnen ist dagegen. Da sie den Dienst nicht beansprucht, will sie ihn auch nicht bezahlen, obwohl sie ganz klar vom sauberen Gemeinschaftsbereich profitiert.*

 Die gut gemeinte Option: Akzeptiere die Entscheidung deiner Mitbewohnerin, aber stelle sicher, dass die Putzfrau weder ihr Zimmer noch die allein von ihr benutzten Bereiche säubert. Bitte deine Mitbewohnerin dann, wenigstens etwas für die Reinigungsmaterialien dazuzugeben.

 **Die böse gemeinte Option:** Markiere mit Kreppklebeband einen Teil der gemeinsam benutzten Wohnbereiche (Gemeinschaftsraum, Küche, Esszimmer etc.) und bitte die Putzfrau, nicht über diese Linie hinaus zu putzen. Deiner Mitbewohnerin teilst du dann einfach mit, dass die abgesperrten Bereiche für sie da wären und sie sich darin in Zukunft ganz ungestört suhlen, ehm, wohlfühlen könne.

Nur mit Einladung

Wenn deine Wohnung nicht ein absolutes Dreckloch ist – und selbst dann –, kannst du fest damit rechnen, dass hin und wieder Besucher auftauchen werden. Die Häufigkeit der Besuche hängt in der Regel von der allgemeinen Qualität deiner WG und von ihrer Entfernung zu den bevorzugten Partystätten der jeweiligen Gäste ab. Besucher können eine Wohnung beleben und ein Grund oder auch ein Vorwand für Partys sein ... Das gilt natürlich nur, wenn es „gute Gäste" sind. Es gibt aber auch diese unausstehlichen, fast gefährlichen und „überreifen" Gäste. Dieser Spezies muss man ganz klare Grenzen aufzeigen.

Man sollte sich aber davor hüten, den Bekannten anderer WG-Bewohner allzu schnell den Besuch der gemeinsamen Wohnung zu untersagen. In einigen Fällen gibt es aber begründete Einwände gegen bestimmte Gäste: Wenn sie sich zum Beispiel respektlos verhalten, in der Wohnung kampieren oder im Bad Kokslinien ziehen. Denke bitte immer daran, dass ein Gast noch so cool sein mag – wenn man seinen Lebensraum mit jemandem über einen bestimmten Zeitraum teilen muss, kann das sehr anstrengend werden. Du brauchst nur mal an deine lieben Mitbewohner zu denken.

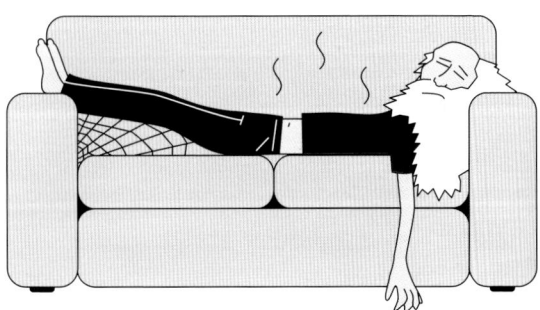

GUT GEMEINTE vs. BÖSE GEMEINTE HANDLUNGSOPTIONEN

Alles belegt

Die Situation: *Der Freund deines Mitbewohners muss wirklich „nur noch diese eine Nacht" auf eurer Couch schlafen … was mittlerweile dann die 47. sein dürfte.*

Die gut gemeinte Option: Teile deinem Mitbewohner mit, dass es nun langsam genug ist. Du findest zwar auch, dass Marcels Trick mit dem zurückgeklappten Augenlid ein echter Kracher ist und die von ihm gekauften Cornflakes den Haushalt stark bereichert haben, aber es ist einfach Zeit, dass er nun weiterzieht.

Die böse gemeinte Option: Wenn dein Mitbewohner und sein Gast das nächste Mal ausgehen, wechsle einfach die Schlösser gegen Kartenschlösser aus, wie man sie in Hotels findet. Sollten sie sich beschweren, sag ihnen, sie sollen sich an den „Concierge" wenden.

Nahezu inkompatibel

Die Situation: *Der Freund deines Mitbewohners ist unhöflich, geschmacklos und dazu noch unattraktiv. Deine Freunde ekeln sich vor ihm, und du hast den Verdacht, dass er deine Unterwäsche durchwühlt, während du im Supermarkt einkaufen bist.*

 Die gut gemeinte Option: Erkläre deinem Mitbewohner, dass du dich in Gegenwart seines Kumpels unbehaglich fühlst. Sprich aber nicht über Details, wenn er dich nicht ausdrücklich danach fragt; für diesen Fall solltest du aber mindestens ein spezifisches Beispiel parat haben.

 Die böse gemeinte Option: Schließ dich in deinem Zimmer ein, sobald der Trottel auftaucht. Von Zeit zu Zeit kannst du dann rausrufen: „Kann ich jetzt wieder rauskommen, oder bist du noch da?"

Ein neuer Mitbewohner

Die Situation: *Du freust dich natürlich mit deiner Mitbewohnerin, dass sie jetzt den ganz besonderen Typen gefunden hat, ihre wahre Liebe. Die ersten paar Nächte, in denen er bei ihr übernachtete, war es sogar noch recht lustig. Aber jetzt fragst du dich schon langsam, ob er überhaupt ganz und gar bei euch eingezogen ist.*

 Die gut gemeinte Option: Wenn ihr Freund sich scheinbar dauerhaft eingerichtet hat, sollte er auch Miete zahlen. Schlag deiner Mitbewohnerin vor, dass sich Derek an euren Rechnungen beteiligt ... Tu dies aber behutsam, und auf jeden Fall, wenn er nicht da ist.

 Die böse gemeinte Option: Lass dem neuen Schatz deiner Freundin eine deiner berühmt-berüchtigten Nackenmassagen angedeihen. Er scheint etwas verspannt zu sein.

WAHRE MITBEWOHNER-GESCHICHTEN

Mein kiffender Mitbewohner hatte einen Papagei, dem er beigebracht hatte, Sachen zu sagen wie „Ein Zug, zwei Zug, reich rüber die Pfeife" und „Killergras, Killergras". Die ersten paar Male schmeißt man sich echt weg vor Lachen. Später wachte ich dann aber mitten in der Nacht von diesen furchtbar kreischenden Geräuschen und dem Gebrabbel des Papageis auf ... „Rauch das Zeug, solange es warm ist! Rauch das Zeug, solange es warm ist!" Es war einfach nur schrecklich und ängstigte meine Freundin zu Tode. Ich zog dann irgendwann aus. Ich glaube, dass der Papagei letztendlich an einer Rauchvergiftung gestorben ist.
Bart aus Nashville, Tennessee

Der beste Freund deines Mitbewohners

Wenn du kleine Hunde und Katzen grundsätzlich nicht magst, bist du in den Augen vieler Tierfreunde ein seelenloses Monster; verständlich ist für die meisten dagegen, wenn du angibst, dass du sie halt nicht in deiner Wohnung haben magst. Für jedes „Ach wie süß" und „Ach wie niedlich", das sie ihren Bewunderern abringen, würgen sie Haarknäuel heraus, scheißen in irgendwelche Ecken oder verwüsten deine Couch, sodass man denken könnte, sie wäre mit dem Fell von Angoraziegen bezogen.

Die Standardregel in WGs lautet: keine Haustiere. Um diese Regel außer Kraft zu setzen, bedarf es einer einstimmig getroffenen Vereinbarung. Ach, ihr seid beide Hundeliebhaber? Hervorragend! Dann schafft euch doch zwei große Deutsche Doggen an. Vielleicht findest du ja auch einen Mitbewohner, der damit einverstanden ist, dass deine Python mit einzieht, solange du kein Problem mit seinem Frettchen hast. Super! Allerdings würde ich bei dieser Konstellation davon abraten, die süßen Tierchen miteinander spielen zu lassen. Wenn es allerdings Gegenstimmen von Mitbewohnern gibt, heißt das ganz klar: „Keine Haustiere". Selbst bei zwei Stimmen gegen eine ist das der Fall. Der Grund dafür ist ganz einfach, dass Haustiere wie kleine Kinder sind und eine Menge Fürsorge und Aufmerksamkeit verlangen. Nur allzu oft ist es dann nämlich so, dass am Ende derjenige diese Verantwortung schultern muss, der sich von Anfang an gegen felltragende Mitbewohner ausgesprochen hat.

Du solltest von vornherein deine Position klarmachen und bei der Suche nach einem Mitbewohner angeben, ob du für oder gegen Haustiere bist. Sei dabei so genau wie möglich, z. B.: Katzen ja, Hunde nein.

GUT GEMEINTE vs. BÖSE GEMEINTE HANDLUNGSOPTIONEN

Katzen-Stopp

Die Situation: *Deine Mitbewohnerin hat dir gerade eröffnet, dass sie unbedingt ein Katzenjunges haben will, aber du hast überhaupt keine Lust darauf, Tiere in eurer Wohnung zu haben. Du schlägst ihr vor, stattdessen einen Fisch zu kaufen, was sie aber ablehnt.*

 Die gut gemeinte Option: Eigentlich hast du ja ein absolutes Vetorecht. Vielleicht solltest du ihr aber lieber deine Gründe darlegen, sodass sie es dir nicht allzu übel nimmt und davon absieht, dich bei PETA als Tierhasserin zu melden.

 Die böse gemeinte Option: Behaupte, du hättest eine krasse Katzenallergie und besorg dir, wenn nötig, ein „ärztliches Attest".

Wessen Hund ist das hier eigentlich?

Die Situation: *Sicher, du liebst den Chihuahua deiner Mitbewohnerin. Allerdings spielst du nicht gerne die automatische Hundehütte (inkl. Dreck wegmachen, den Kleinen füttern etc.), wenn sie mal wieder verreist ist oder es, wie so oft, einfach vergisst.*

 Die gut gemeinte Option: Erklär deiner Mitbewohnerin, dass du den Racker zwar lieb hast, es aber ihr Hund und ihre Verantwortung ist. Gib ihr die Adresse des örtlichen Tierheims und/oder eines Hundesitters und schlag ihr behutsam vor, dass sie sich nach einem besseren Zuhause für den Hund umsehen sollte, wenn sie nicht in der Lage ist, auf ihn achtzugeben.

 **Die böse gemeinte Option:** Bring den Hund dazu, dich mehr zu lieben als sie, indem du kleine Hundeschmankerl in deinen Hosentaschen versteckst. Die große Zuneigung des Tiers dir gegenüber wird ihr ein schlechtes Gewissen bereiten und sie hoffentlich dazu bringen, mehr Zeit mit dem Kleinen zu verbringen und ihn regelmäßig zu füttern.

Böser Hund!

Die Situation: *Langsam ist es dir egal, ob das Beruhigungsmittel für Hunde bei eurem vierbeinigen Mitbewohner anschlägt oder nicht ... Wenn das Biest noch einmal in deine Schuhe kackt, schießt du die Töle mit einem gewaltigen Vollspann-Dropkick über die Stadtgrenze hinaus.*

 Die gut gemeinte Option: Bestehe darauf, dass sich der Vierbeiner nur in den Räumlichkeiten deiner Mitbewohnerin aufhält und dass sie regelmäßig mit ihm spazieren geht und/oder sich mit ihm bei der Hundeschule anmeldet.

 Die böse gemeinte Option: Verstecke einfach etwas Hundekacke unter dem Bett deiner Mitbewohnerin.

WAHRE MITBEWOHNER-GESCHICHTEN

Mein alter Mitbewohner war ein Schlangenfreak. Sein bestes Stück war eine über fünf Meter lange Python aus Burma, die er in einem Kasten in seinem Zimmer hielt. Eines Tages ging ich runter in den Keller, und da lagen über unseren etwa 50 m² großen Raum verteilt lauter tiefgefrorene Ratten auf dem Rücken. Als mein Mitbewohner dann ein paar hochholte, erzählte er mir, wie er einmal unerwartet zwei Tage lang außer Haus gewesen war; er öffnete dann den Kasten, um die Python zu füttern, und dabei griff sie ihn sofort an. Es gelang ihm zwar am Ende, sich zu befreien, bevor er erwürgt wurde, aber der Kampf dauerte 40 Minuten, und er kugelte sich dabei die Schulter aus.
Josh aus Des Moines, Iowa

Wenn man mit dem Vermieter wohnt

Es kommt manchmal vor, dass man mit dem Eigentümer der Wohnung in einer WG lebt; wenn sich ein Freund zum Beispiel ein Haus bzw. eine Eigentumswohnung angeschafft hat oder wenn sich jemand durch deine Miete etwas dazuverdienen will. Eine solche Situation, in der dein Mitbewohner auch dein Vermieter ist, kann schnell zu einer haarigen Angelegenheit werden – und zwar für beide Parteien. Es ist etwas schwierig, von der Person, mit der du jeden Abend auf der Wohnzimmercouch fernsiehst, mit Nachdruck und Vehemenz zu verlangen, dass sie den tropfenden Wasserhahn „unverzüglich und am besten sofort jetzt gleich" repariert, weil du „hier ja schließlich Miete bezahlst". Das kann zu einer ganzen Reihe Unannehmlichkeiten führen.

Wenn du in dieser Situation wiederum der Vermieter bist, solltest du deine Rollen als Vermieter und Mitbewohner klar abgrenzen. Behandele deinen Mitbewohner mit dem gebührenden Respekt und erfülle die Erwartungen, die du selber an einen Wohnungseigentümer oder Vermieter hättest. Es kann vorkommen, dass in dieser Konstellation ein paar Dinge einreißen und dein Mitbewohner/Mieter vielleicht mal einen Tag zu spät die Miete bezahlt; ihm deshalb gleich eine Mahngebühr aufzubrummen wäre ohne Frage ziemlich daneben – zumindest die ersten beiden Male. Wenn das öfter passiert, sieht es

allerdings so aus, als ob jemand versucht, deine Gutmütigkeit auszunutzen. Hier solltest du von Anfang an eine Drei-Mal-und-nicht-öfter-Regel aufstellen, um derartige Ausnahmen in Grenzen zu halten und etwaige Konfrontationen weniger persönlich zu gestatten.

GUT GEMEINTE vs. BÖSE GEMEINTE HANDLUNGSOPTIONEN

Du bist der beste ...

Die Situation: *Erst war es die Hüftoperation ihrer Oma, dann waren es die Schuhe, die sie unbedingt haben musste. Aus dem einen oder anderen Grund steht die Miete nie allzu weit oben auf der Prioritätenliste deiner Mitbewohnerin/Mieterin.*

 Die gut gemeinte Option: Erklär ihr die Drei-Mal-und-nicht-öfter-Regel. Wenn sie zum vierten Mal zu spät mit der Miete rüberkommt, wirst du eine Verspätungsgebühr berechnen müssen. Macht sie deswegen die Welle, erinnere sie daran, dass die meisten Vermieter das Gleiche sofort bei der ersten verspätet eingehenden Mietzahlung tun würden.

 Die böse gemeinte Option: Frage deine Mitbewohnerin jedes Mal, wenn sie sich was kauft, wie viel es gekostet hat. Dann solltest du wehmütig hinzufügen: „Ich wünschte, ich könnte mir das auch leisten und die Wohnung abbezahlen." Um es noch klarer zu machen, solltest du ein großes Glas mit Kleingeld an einen auffälligen Ort in der Wohnung stellen. Achte darauf, dass sie auch mitbekommt, wie du dein schwer verdientes Kleingeld in diese „Sparbüchse" wirfst.

Jemanden fragen, der sich damit auskennt

Die Situation: *Es ist zwar das Haus deines Mitbewohners, aber er sieht absolut nicht ein, warum er die leckende Rohrleitung abdichten sollte, die in eurem Bad schon mehr schwarzen Schimmel hinterlassen hat als der Hurrikan Kathrina in ganz New Orleans. Auch an die ständig laufende Toilettenspülung hast du dich mittlerweile gewöhnt, aber irgendwie scheint es an der Zeit, dass sich jemand, der sich damit auskennt, dieser Sachen annimmt.*

 Die gut gemeinte Option: Erkläre ihm, dass du den Klempner und/oder Handwerker sogar selber anrufen würdest, aber unter keinen Umständen so weiterleben kannst. Recherchiere in den örtlichen Gesundheits- und Sicherheitsrichtlinien für Wohnräume und beweise so, dass deine Forderungen gerechtfertigt sind und du keine „überempfindliche Memme" bist.

 Die böse gemeinte Option: Mach Fotos von diesen reparaturbedürftigen Schweinereien und schick sie an seine Mutter – das wird sie ihm auf keinen Fall durchgehen lassen.

Lückentext für Mitbewohner

Falls du nie 11 Jahre alt warst und nie dieses Spielchen gespielt hast, befolge einfach folgende Anweisungen:

1) Bitte deinen ahnungslosen Mitbewohner, die Lücken im Text auszufüllen.
2) Lass ihn/sie laut vorlesen.
3) Macht euch vor Lachen in die Hose!!!

Vor langer, langer Zeit entschied sich _____ (1. Name), aus _____ (Substantiv) seiner/ihrer Eltern auszuziehen. Zuerst musste er/sie dazu einen Mitbewohner suchen. Er/Sie wollte mit einer _____ (Adjektiv), _____ (Adjektiv) Person wohnen, also setzte er/sie eine _____ (Adjektiv) Anzeige in die lokale _____ (Substantiv). _____ (Zahl) Personen antworteten, aber _____ (1. Name) wusste gleich, dass _____ (anderer Name) der/die _____ (Substantiv) für ihn/sie war. Sie suchten _____ (Adverb) nach einer _____ (Adjektiv) Wohnung. Schließlich fanden sie auch eine im _____ (Adjektiv) Teil der Stadt. Es war _____ (Adjektiv), als sie einzogen. _____ (1. Name) und _____ (2. Name) waren _____ (Adjektiv) für _____ (Zahl) Monate, aber schon bald wurde alles _____ (Adjektiv). _____ (1. Name) ließ seine/ihre _____ (Substantiv Plural) im Wohnzimmer liegen. _____ (2. Name) hatte die _____ (Adjektiv) Angewohnheit, der/die/das _____ (Substantiv) zu _____ (Verb). _____ (1. Name) lieh sich ständig _____ (2. Name, Genitiv) _____ (Substantiv) aus, ohne es _____ (Verb, Infinitiv). Außerdem war _____ (2. Name) immer zu _____ (Adjektiv) dran mit der Miete. Schließlich entschied _____ (1. Name) die Situation mit _____ (2. Name) zu _____ (Verb), indem er/sie mit ihm/ihr _____ (Verb). Und siehe da, es funktionierte, und seitdem _____ (Verb) sie _____ (Adjektiv) zusammen.

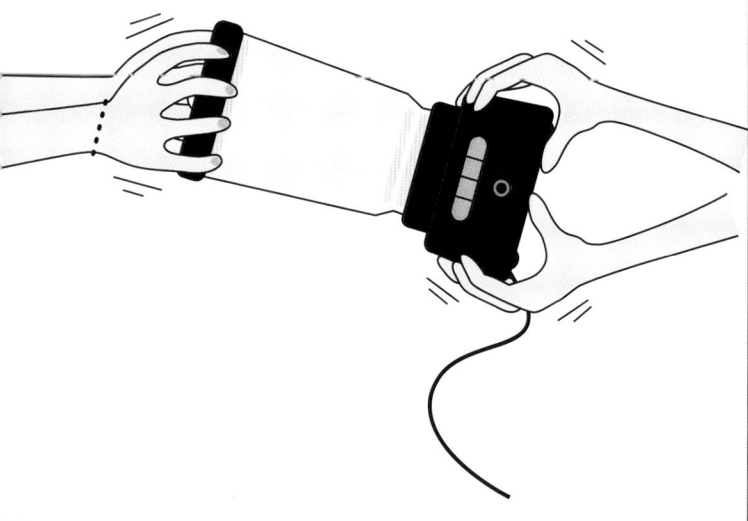

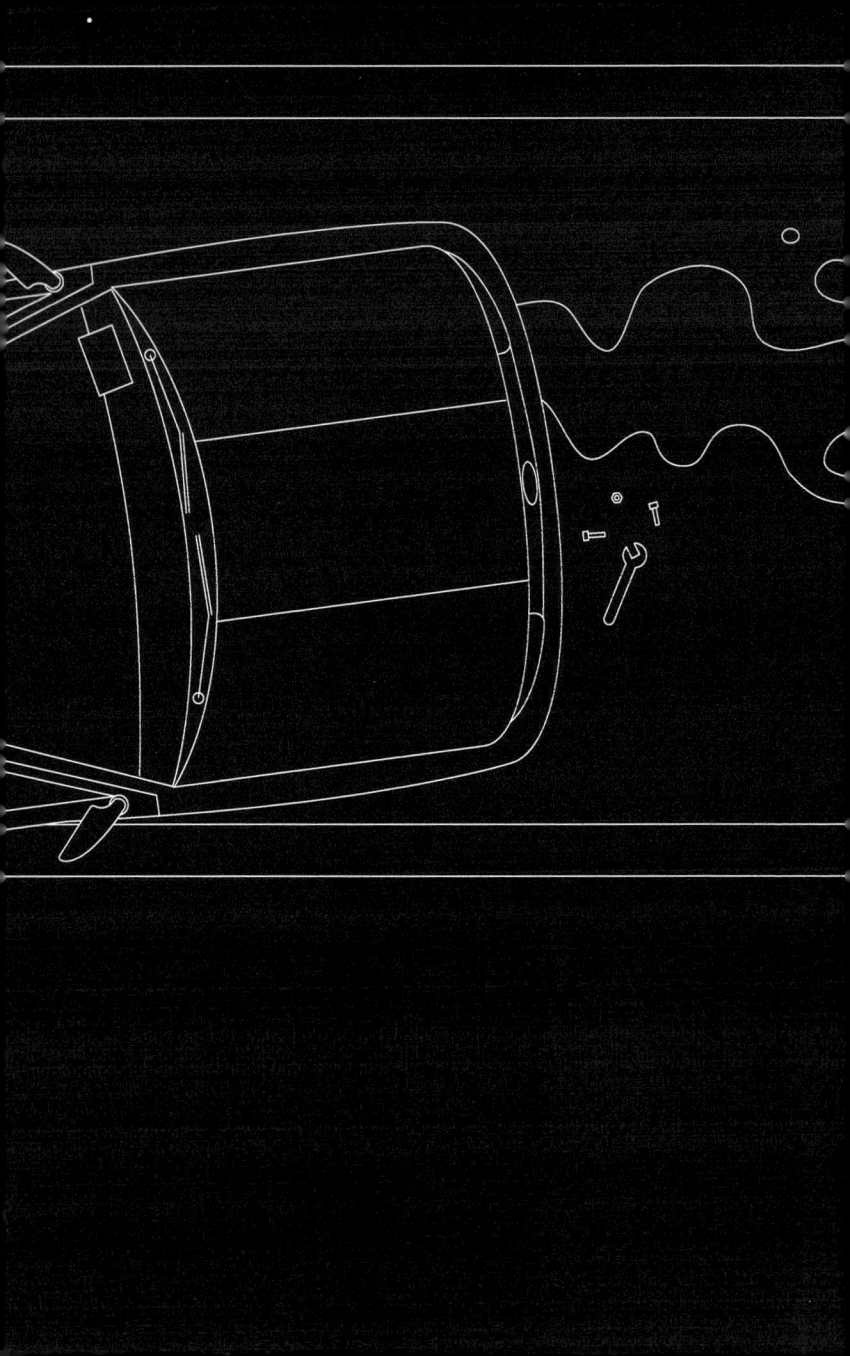

DER AUSZUG

WEIBLICH, LEDIG, JUNG SUCHT ... zwecks teilen von
Wohnung, Freund, Frisur, Klamotten, Hund, Identität ...

9
Die Trennung

Es liegt nicht an dir, Schatz

Wenn du manchmal über deinen Mitbewohner nachdenkst, ereilt dich mit einem Gefühl des Bedauerns die Erkenntnis, dass er nicht mehr dieselbe Person ist, mit der du damals zusammengezogen bist. Der Fairness halber muss man allerdings sagen, dass es sich bei dir selbst genauso verhält. Mitbewohner ändern sich, und manchmal lebt man sich einfach auseinander. Die Leute ziehen in eine andere Stadt, heiraten, merken, dass sie dich hassen ... so spielt das Leben.

Egal, ob dir deine über alles geliebte Tante eine Villa mit sechs Zimmern in den Bergen vermacht hat, du in die Walachei ziehst oder es einfach nicht mehr ausstehen kannst, wenn dein Mitbewohner den Essiggurkensaft aus dem Gurkenglas trinkt ... versuche trotzdem, um eurer guten Zeiten willen, ihm die Liebe und den Respekt zukommen zu lassen, die eure Beziehung verdient. Handle wie ein Mann – oder eher wie eine Frau, da sich Männer meist ziemlich dämlich anstellen, wenn es um das Thema Trennung geht. Vielleicht hast du auch Glück, und dein Mitbewohner ahnt schon, dass eine Trennung unausweichlich ist.

Sicher gibt es Mitbewohner, die du nie in deinem Leben wiederse-hen willst. Manche kannst du einfach nicht ausstehen, und bei anderen fällt es einem einfach schwer, sich vorzustellen, weiterhin in Verbindung zu bleiben ... wie schlimm es auch sei, du solltest der Versuchung wider-stehen, so mir nichts dir nichts und ohne Ankündigung eines Morgens einen Umzugs-LKW vorfahren zu lassen. Das wäre dann nämlich die hohe Schule, sozusagen der Inbegriff des böse gemeinten Verhaltens gegenüber deinem Mitbewohner – äußerst effektiv, aber auch irgend-wie verabscheuungswürdig. Wäre auch ziemlich peinlich, wenn deine neuen Nachbarn am Tag nach deinem Umzug fragen, warum dein Vorgarten mit Toilettenpapier übersät ist.

Wenn du weiterhin gut Freund mit deinem Mitbewohner sein willst und die Beziehung nicht mit verletzenden Wahrheiten der Marke: „Ich wohne ja eigentlich ganz gern mit dir, aber ich halte deinen widerwär-tigen Körpergeruch nicht mehr aus", total zerstören willst, dann denk dir einfach ein paar neutrale Gründe aus. Schieb es meinetwegen auf

die Wohnung, Miete, Lage, Größe, was auch immer, aber mach es nicht zu einem persönlichen Ding. Mit etwas Glück werdet ihr beide dann in euren neuen WGs zufriedener sein und so eure wie auch immer geartete Freundschaft bewahren. Eure Beziehung wird dann natürlich nicht mehr so sein wie in eurer gemeinsamen WG, vielleicht aber sogar besser.

Jemandem mitzuteilen, dass man nicht mehr mit ihm/ihr zusammenwohnen möchte, ist meist eine heikle Angelegenheit. Um den unangenehmen und leidvollen Charakter dieser Prozedur etwas abzuschwächen („Warum? Warum jetzt? Lag es an mir? Können wir nicht darüber reden und nach einer Lösung suchen?"), empfehle ich, die folgenden Regeln zwischenmenschlichen Anstands einzuhalten:

- Erkläre deinem Mitbewohner persönlich, dass du ausziehen willst. (Zettel am Spiegel oder am Kühlschrank zählen nicht. E-Mails? Das ist was für rückgratlose Feiglinge.)
- Versuche, deinen Auszug ans Monatsende zu legen, und gib mindestens zwei Monate vorher Bescheid.
- Wenn du denkst, dass du den passenden Typ für einen Ersatzkandidaten für deinen Mitbewohner kennst, dann unternimm einen Versuch, einen Nachfolger zu finden.

Wenn absolut unumgänglich, kannst du eine dieser bewährten Ausreden verwenden:

- Ich habe das Gefühl, dass du wegen mir das Leben weitaus bedürftigerer Mitbewohner nicht bereichern kannst.

- Du hast sicher gemerkt, dass ich in letzter Zeit viele „Überstunden" machen musste, oder? Nun ja, die Wahrheit ist, dass ich mich mit meinem alten Mitbewohner getroffen habe und – wir unterschreiben demnächst einen Mietvertrag für eine neue WG.
- Ich brauche einfach mehr Raum für mich, und zwar im wahrsten Sinne des Wortes, wenn du verstehst, was ich meine.
- Wer zum Teufel bist du überhaupt, und was hast du in meiner Wohnung zu suchen?
- Ich hab mir die Vogelgrippe eingefangen, aber keine Bange, mein Doktor hat mir diese tolle Atemmaske hier gegeben.
- Mission abbrechen, Mission abbrechen!
- Du bist für mich wie eine Schwester – und meine Schwester und ich kommen gar nicht miteinander klar.
- Kannst du mir vielleicht 1.000 € leihen?
- Gott hat mir gesagt, dass ich nicht mehr mit dir zusammenwohnen kann.
- Ich denke, dass wir einfach nur Freunde und keine Mitbewohner mehr sein sollten.

Falls das alles nichts hilft, stell dir einfach selbst eine Wohnungskündigung aus.

Deins und meins

So eine Trennung ist eine schwere Sache, und der schwerste Teil kann darin bestehen, dich selbst und deine Habe heil aus dieser Situation herauszumanövrieren. Je länger du mit einer Person zusammenwohnst, desto mehr verflechten sich eure Leben miteinander, was eigentlich kein Problem darstellt, bis die Umzugskartons geliefert werden. Denn dann fängst du an, deine Sachen zusammenzusuchen – und da kann es mitunter schon nervig sein, darüber zu diskutieren, wer von euch beiden den Entsafter bezahlt hat und wer den Kickertisch behalten darf.

Als Scheidungskind habe ich miterleben müssen, wie sich erwachsene Menschen über Dinge wie Staubsaugerbeutel streiten. Okay – das war jetzt gelogen. Das habe ich nur meinem Therapeuten erzählt, als mir gar nichts anderes mehr einfiel. Was ich eigentlich sagen wollte, ist Folgendes: Sachen aufteilen zu müssen kann schon üble Kopfschmerzen verursachen. Aber wenn ihr diese Situation dann auch noch dazu missbraucht, euren Frust und vielfältigen Enttäuschungen im Leben an der jeweils anderen Person abzuarbeiten, dann kann das schnell in die zwischenmenschliche Sackgasse führen. Sollte die materielle Trennung eurer ehemaligen (Traum-)WG chaotisch werden, versuch, ruhig zu bleiben, einen kühlen Kopf zu bewahren und vor allem fair zu sein. Denk immer daran, hier geht es nur um Gegenstände – bei dem meisten Zeug lohnt sich die Aufregung ohnehin gar nicht.

Eine einfache Gleichung kann die Verlegenheiten beim Auseinanderdividieren des Haushalts im Handumdrehen aus dem Weg räumen und bietet in jedem Fall die Antwort auf die Frage, wer jetzt eigentlich was kriegt. Ich erläutere die Rechnerei gleich an einigen Beispielen.

Halte dich einfach an die folgenden Richtlinien, und ich garantiere dir, dass nachher keiner von euch als ein egoistischer und absolut kleinlicher Geizhals-Knauser-Knicker (JA, das ist ein richtiges Wort und NEIN, es ist nicht wirklich böse) dastehen wird.

- Wenn du es mitgebracht oder gekauft hast, behalte es.
- Wenn er/sie/sie es mitgebracht oder gekauft hat/haben, dann lass es da.

Wenn es sich um gemeinschaftlich angeschafften Hausrat handelt, werden die anderen von der Person ausgezahlt, die den Gegenstand behält. Dafür gilt die folgende Gleichung:

n =   **Gesamtzahl der Mitbewohner, die diesen Gegenstand benutzen**

x =   **Kaufpreis des Gegenstands**

y =   **Anzahl der Jahre, die der Gegenstand in der Wohnung benutzt wurde**

z =   **Anteil eines Mitbewohners am betreffenden Gegenstand**

$z = x : (y \cdot n)$

Dabei gilt: Wenn x < 20 y, dann z = 0. Der Gegenstand geht in diesem Fall in den Besitz der Person(en) über, die die Wohnung weiterhin bewohn(t)en ... alternativ könnt ihr euch auch mithilfe einer Runde Schnick-Schnack-Schnuck einigen.

Beispiel 1:

Sarah wohnt mit Sam und Sally in einer Studiowohnung in San Antonio, Texas. Beim Einzug vor vier Jahren haben die drei zusammen einen DVD-Player für 120 EURO gekauft. Sarah hat gerade ihren Anteil einer zehn Jahre alten Sammelklage ausgezahlt bekommen, bei der es um vom Hersteller zurückgerufene Reißverschlüsse ging. Für dieses Geld will sie sich nun eine Einzimmerwohnung mit einer spitzenmäßigen Aussicht kaufen. Sie besteht darauf, den DVD-Player mit in ihre neue Wohnung zu nehmen. Wie findet diese Geschichte ein glückliches Ende?

n = 3

x = 120

y = 4

z = 120 : (4 · 3) = 120 : 12 = 10

Sarah kann den DVD-Player mitnehmen, ohne dass jemand versuchen wird, sie aus Frust umzubringen, wenn sie jeweils 10 EURO an Sam und Sally zahlt. Andersrum können Sam und Sally je 5 EURO an Sarah zahlen und den DVD-Player behalten. Deal? Deal!

Beispiel 2:

Lauren ist vor eineinhalb Jahren mit Wanda zusammengezogen, nachdem ihr emotional völlig verkümmerter Freund – alias das zugezogene Schmarotzer-A****loch – mit ihr Schluss gemacht hat. Wanda hatte es zu diesem Zeitpunkt gründlich satt, ihre Wäsche jedes Mal zu dem Perversling im Waschsalon zu schleppen, und Lauren wollte sich selbst auch mal was Gutes tun, sodass die beiden kurzerhand beschlossen, sich für 599,99 EURO eine Waschmaschine mit integriertem Trockner von Grundig zu kaufen. Es sind seitdem 18 Monate vergangen, in denen die Waschmaschine treu ihren Dienst verrichtet und dabei Düfte wie Frühlingsregen, Ozeanbrise, Babyfrische etc. verströmt hat. Jetzt hat sich allerdings der Wohnungseigentümer mit der Nachricht gemeldet, dass das Gebäude in den Besitz einer Genossenschaft übergeht und die beiden damit rausfliegen. Lauren ist gegen den Rat von Wanda wieder mit ihrem Freund, dem A****loch, zusammengekommen und würde die Waschmaschine gern mit in ihre neue Wohnung nehmen. Wanda ist damit einverstanden, aber seit geraumer Zeit grübeln die beiden jetzt schon über die Frage, wie viel Geld Lauren an Wanda für die Waschmaschine zahlen soll. Ganz einfach:

$n = 2$

$x = 599{,}99$

$y = 1{,}5$

$z = 599{,}99 : (1{,}5 \cdot 2) = 599{,}99 : 3 = 199{,}99$

Lauren zahlt also 200 EURO (da sie nett ist, rundet sie auf) an Wanda für die Waschmaschine und sollte ihren Freund, das A****loch, loswerden. Deal? Deal!

Nun seid ihr aber mal dran:
Dominic und Burt haben zehn Jahre zusammen gewohnt. (Nein, sie sind einfach nur Kumpels. Was sollen diese dämlichen Fragen?) Vor zwei Jahren fiel den beiden ein, dass sie einen Mixer bräuchten, damit Burt seinen Spezialdrink – einen schaumigen Erdbeer-Daiquiri mit Eis-Pulver –

zubereiten kann. Leider hat sich Dominic kürzlich dazu entschieden, wieder bei seiner Mutter einzuziehen. Burt ist der Meinung, dass er den Mixer behalten könne, weil er ihn für seine Daiquiris benutzt. Dominic besteht allerdings darauf, dass sie die 30 EURO, die der Mixer gekostet hat, seinerzeit gerecht durch zwei geteilt haben. Wer von den beiden kriegt das Ding jetzt am Ende?

Ratlos? Die Antwort steht unten auf dieser Seite.

Das ist eine Fangfrage. Erinnert ihr euch, dass in der Erklärung stand, wenn x < 20 y, dann z = 0?! In diesem Fall ist dann 30 < 40. Theoretisch bekommt Burt also den Mixer. Aber anstatt im Streit mit seinem weggezogenen Freund auseinanderzugehen und mit dieser schmerzhaften Erinnerung zu leben, gibt er den Mixer lieber an Dominic, der ihn seinerseits in den Müll schmeißt, wo ihn Burt zu allem Unglück auch noch sehen kann – kaputt und zerschmettert im Dreck liegend - genau wie die Beziehung der beiden. Deal!

Balki und Cousin Larry zeigen in EIN GRIECHE EROBERT CHICAGO, dass auch ein Fremder das Herz seines Mitbewohners im Sturm erobern kann.

10

Bis bald, Goodbye und auf Wiedersehen

Und tschüss dann!

Ich denke, auf den klassischen Hinweis, dass du nicht auf den letzten Drücker (d. h. am Tag des Auszugs) packen solltest, können wir an dieser Stelle verzichten. Es wird immer länger dauern als angenommen, und du wirst immer mehr Kisten, Klebeband und Zeitungen brauchen, als du dir jemals vorstellen kannst. Glücklicherweise ist es mit Umzugsunternehmen so, dass sie fast immer zwei Stunden bis zwei Tage zu spät dran sind. Das verschafft dir im Notfall etwas extra Zeit, um deine Klamotten in Müllsäcke zu stopfen   wenn sie dann aber doch zwei Stunden früher als bestellt kommen, bist du echt am Arsch.

Sollte dein Mitbewohner auch umziehen, lohnt es sich unter Umständen, einige Kosten zu teilen: Umzugsutensilien sind in großen Mengen meist kostengünstiger, und auch die Miete für einen gemeinsam genutzten Umzugswagen und/oder ein Zwischenlager für eure Klamotten, Möbel etc. lässt sich so halbieren. Allerdings solltest du folgende Warnung auf jeden Fall bedenken: Es mag zwar billiger sein, zum gleichen Zeitpunkt umzuziehen, es ist aber auch weitaus stressiger.

Wenn es euch um einen möglichst stressfreien Umzug geht, dann zieht an unterschiedlichen Tagen aus und helft euch gegenseitig beim Packen, beim Verstauen der Sachen und bei den Entsorgungsfahrten zum Altkleider- bzw. Müllcontainer.

Egal, ob alle WG-Bewohner oder nur du allein ausziehst: Nimm dir die Zeit für eine abschließende Säuberungsaktion (besonders, wenn du allein ausziehst). Lass nicht einfach deinen Müll und Zeugs, das du nicht mehr willst/brauchst, einfach so liegen. Nimm's einfach mit, verschenke es oder schmeiß alles, und zwar wirklich alles, in den Restmüll, Gelben Sack oder, je nach (Verwesungs-)Zustand, auch Biomüll: halbkaputte

WAHRE MITBEWOHNER-GESCHICHTEN

In der Uni habe ich mit einem Mädchen zusammengewohnt, das eine etwas andere Auffassung von „teilen" hatte als ich. Eines Tages kam ich von der Vorlesung nach Hause, und sie saß auf unserer Couch vorm Fernseher und mampfte dabei Chips mit einem Dip. Ab und zu wischte sie sich mit dem T-Shirt den Mund ab. Keine Frage, das ist alles allein ihre Sache ... aber das Shirt kam mir bekannt vor. Sehr bekannt sogar. Es stellte sich heraus, dass sie morgens keine sauberen Klamotten gefunden hatte und einfach in mein Zimmer gestiefelt war und sich ein brandneues Shirt von mir genommen hatte. So brandneu, dass das Preisschild noch dran war. Ich schwör's euch, das Preisschild war noch dran!

Kathryne aus Columbus, Georgia

Lampen, Schrankbauteile, deine Wimpelsammlung von den Chicago Bulls, Poster, Staubflusen, angeschlagene Cocktailbecher, Unterwäsche, Plastikumschläge etc. Sauge und/oder wische den Fußboden! Falls der Teppich viele Flecken hat, nutze einen Dampfreiniger. Wische einmal über die Wände und spachtle eventuelle Löcher zu.

Wenn du das nicht selbst machen willst, wirst du wohl oder übel jemanden dafür engagieren und bezahlen müssen. Du solltest aber alles in deinen Kräften Stehende tun, damit die Wohnung bei deinem Auszug wieder so aussieht wie bei deinem Einzug. JA, so etwas tun verantwortungsvolle Erwachsene eigentlich. Gewöhn dich besser dran! Am allerbesten soll dein Nachmieter nicht erkennen können, ob du in diesem Zimmer eine Opiumhöhle betrieben oder in einem hermetisch abgeriegelten, antiseptischen Vakuum gelebt hast.

Neben deiner moralischen Verpflichtung zum Saubermachen lockt auch noch die Aussicht, auf diese Art etwas schneller an die beim Vermieter hinterlegte Kaution zu kommen – denn so oder so kannst du schon fast eeeewig auf dein Geld warten. Außerdem werden so keine hasserfüllten Mitbewohner-Anekdoten über dich im zweiten Teil dieses Buches auftauchen. Es empfiehlt sich, vor dem Auszug mit dem Vermieter einen Gang durch die Wohnung zu machen. Sollten Schäden offensichtlich sein und die anderen WG-Bewohner in der Wohnung bleiben, dann frag, ob du das mit dem Vermieter regeln kannst. So vermeidest du, dass deine Mitbewohner Rechnungen für Abnutzungs-erscheinungen angehängt bekommen, zu denen du beigetragen hast. Wenn dann eine neue Person für dich einzieht oder die anderen entscheiden, keinen Ersatz zu suchen, solltest du auch problemlos deine Kaution wiederbekommen.

Das war's dann also

Deine Sachen sind gepackt, und alles ist bereit: Du bist fertig, um loszufahren. Der Typ mit dem Umzugswagen wartet schon draußen, und es fällt dir schwer, deine Mitbewohner aufzuwecken, um ihnen zu sagen, dass du jetzt losmusst ... Sehr bald bleibt dir nichts weiter von ihnen als ein paar Erinnerungen (hoffentlich schöne).

Es macht aus praktischen und persönlichen Gründen durchaus Sinn, Kontaktinformationen (Adresse, Telefonnummer und E-Mail-Adresse) auszutauschen. Man kann schließlich nie wissen, wann man Entzugserscheinungen nach seinen Mitbewohnern bekommt oder eine letzte Rechnung weiterschicken muss. Ich schreibe immer noch E-Mails mit meiner letzten Mitbewohnerin, obwohl ich sie seit meinem Umzug nicht mehr gesehen habe. Ich vermisse sie. Schnief.

Die Entscheidung, ob du mit ihnen in Verbindung bleiben willst, ist allein deine Sache und sagt eigentlich nichts darüber aus, wie gut ihr miteinander klargekommen seid. Ich hatte Mitbewohner, die ich vergöttert habe und die später im Nebel von Zeit und Raum verschwunden sind. Wenn dem so ist, dann gebe ich ihnen ein Bier von den sechs Dollar aus, die ich mit diesem Buch hier verdiene – aber ich bin nicht naiv und weiß, dass ihr Leben auch weitergeht. Ich hatte aber auch Mitbewohner, die heute zu meinen engsten Freunden zählen. Wir sprechen regelmäßig miteinander, treffen uns oft, und ich bin mir sicher, dass sie sich manchmal insgeheim wünschen, ich würde ihre Telefonnummern und Adressen verlegen.

Wenn eure WG nicht gerade unter den günstigsten Umständen auseinanderging, dann grüble nicht zu viel darüber nach und lerne, auch deinen Beitrag am Scheitern eurer WG zu akzeptieren. Es gibt noch viele andere Fische im Teich, und die nächste WG wartet bestimmt schon irgendwo da draußen auf dich. Das Leben mit Mitbewohnern kann wunderschön, frustrierend und manchmal auch ein Abenteuer sein, das dein Leben umkrempelt.

Danksagung

Ich möchte dem einzigartigen Dan Tucker von Sideshow Media dafür danken, dass er dieses Projekt von der anfänglich halbgaren Idee bis hin zum fertigen Buch begleitet und mich trotz meiner zeitweiligen Launenhaftigkeit nicht aufgegeben hat. Ich danke Jason Snyder dafür, dass er von Anfang an meine Schreibe komplett verstanden hat und mit seinem Sinn für Humor und seinen Illustrationen dafür sorgt, dass ich mir regelmäßig vor Lachen in die Hosen mache und gleichzeitig darüber nachdenken muss, ob ich eigentlich ein schlechter Mensch bin. Megan McFarland danke ich für ihr durchdachtes sowie aufschlussreiches Lektorat und natürlich dafür, dass sie „mir", „mein" und vor allem „mich" grammatikalisch auf Kurs gehalten hat. Lisa Campbell und das Team von Chronicle Books schmeichelten meinem Ego, indem sie mich glauben machten, dass ich tatsächlich so lustig bin, wie ich immer denke. Dafür möchte ich ihnen danken. Außerdem danke ich meinen 13 Ex-Mitbewohnern, die mich direkt oder indirekt beim Schreiben dieses Buches inspiriert haben. Ihr wart nicht nur die Musen meiner schriftstellerischen Tätigkeit, sondern auch die Garanten für eine pünktliche und vollständige Mietzahlung.

Die amerikanische Originalausgabe erschien 2008 unter dem Titel „Roomies. Sharing your home with Friends, Strangers, and Total Freaks", bei Chronicle Books LLC, San Francisco, California. All rights reserved.

Deutschsprachige Erstausgabe 2009 bei vgs
verlegt durch EGMONT Verlagsgesellschaften mbH,
Gertrudenstraße 30-36, 50667 Köln
© 2008 by Kathryn Williams
Illustrationen © 2008 by Jason Snyder
Copyright © der deutschsprachigen Ausgabe 2009
bei EGMONT Verlagsgesellschaften mbH
Alle Rechte vorbehalten

Aus dem Amerikanischen von Daniel Müller
Redaktion: Cindy Witt
Lektorat: Kerstin Thürnau
Layout und Satz: Carmen Strzelecki, Grafikdesign & Illustration, Köln
Umschlaggestaltung: ZERO Werbeagentur, München
Druck: Mohn media Mohndruck GmbH, Gütersloh
ISBN: 978-3-8025-3670-0

www.vgs.de